ビッグデータの支配と
プライバシー危機

宮下 紘
Miyashita Hiroshi

a pilot of wisdom

目次

第二章　ビッグデータの覇権とプライバシーの反逆

第三章　プライバシーをめぐるアメリカとヨーロッパの衝突

第四章　日本のプライバシー保護を考える

図版作成／クリエイティブメッセンジャー
付録作成／アイ・デプト.

序章　スノーデンの警鐘

スノーデンの警鐘

「私は日本のことを本気で心配しています」

二〇一六年六月四日、東京大学で行なわれたシンポジウムで元CIA職員のエドワード・スノーデンが、かつての日本での職務の思い出を語りながら、このように日本人に向けたメッセージを発しました。テロとはまったく関係のない日本人の自宅や職場での通話、メール、画像までもがアメリカから監視され続けていること、また、日本ではこのような監視に対する民主的な議論がほとんどないことに警鐘を鳴らしたのです。それは「監視は他人事である」と思っていた多くの日本人に対するものでした。

スノーデンはこのシンポジウムから約三年前の二〇一三年六月、アメリカ国家安全保障局（NSA：National Security Agency）が行なっている、日本人を含む外国人を対象にした通信の無差別大量監視プログラム（PRISM）の実態を告発した人物です。スノーデンには、国家機密情報を漏えいしたスパイ容疑がかけられており、亡命先のロシアから、日本人に監視の技術と実態についてネット中継を通して呼びかけたのです。

シンポジウムの中では、例えばみなさんもお使いであろう、グーグル、フェイスブック、マイクロソフト、スカイプ、アップルなどのメール、添付ファイル、写真、動画、チャットが監視の対象とされていたことが指摘されました。スノーデンは、NSAが日本の大使館、省庁のみならず、大手の商社や一般市民をも監視の対象にしていたことを証言したのです。さらには、パソコンのウェブカメラやスマートフォンのカメラを遠隔操作でオンにし、部屋の中で着替える女性を監視していたケースまで報告されました。

何も隠すものはない?

「こうした事態は、決して他人事ではありません。あなたのことを言っています。あなたの問題であり、あなたのプライバシーなのです」

スノーデンは繰り返し、そう述べていました。例えば手元のスマートフォンのカメラで誰かが、あなたが本書を読む姿を監視していたとしたら、どのような気持ちになるでしょうか。

それでも、中には「自分は他人に見られて恥ずかしいことや悪いことをしているわけではない、自分が部屋の中で着替える姿を誰かに見られても気にしない、何も隠す必要はない」と言う人もいるのかもしれません。

しかし、そんな人であってもトイレに入れば鍵をかけるでしょう。性生活を公開されたいとは思わないでしょう。そして、ふだんはスマートフォンのロックをかけているでしょうし、パソコンのログインではパスワードを使っているはずです。にもかかわらず、あなたが送受信するメールや写真のすべてが監視の対象になっているということに対して「承諾をしている」と見なされて、果たして問題ないと言えるのでしょうか。

他者からの隔離を求め、自分だけの空間を欲するのは、人間が人間である以上、本質的に不可欠なことなのです。それは何か悪いことを企んでいるからではありません。自分だけの空間を一切必要としない人は、隠れずに排便したり、交尾をしたりする動物と変わらないと言っても言い過ぎではないでしょう。

プライバシーは技術の味方

ここまで読んだ人の中には、筆者が個人情報の取扱いの現実に、あまりにも過大な脅威を感じ過ぎているのではないか、そして大量のデータ処理や分析を可能とした「ビッグデータ」を敵視し過ぎているのではないかと思う人もいるかもしれません。しかし、それは大きな間違いです。

筆者は新たな技術や革新を歓迎しています。ですから、本当に社会の安全に役立つのならば必要な監視を認めますし、同時にビッグデータの利活用を推進し、経済成長につなげるべきであると信じています。そして筆者個人は家電の新製品の動向、自動運転、人工知能に大変興味を持っていますし、東京マラソンやＧ７サミットなど大きなイベントでは、治安維持のために臨時の取り外し可能な防犯カメラを設置した方が良いと常々感じています。プライバシーも大事ですが、安全保障や治安も大事なことです。

しかし、それは、無制限にあなたやあなたの家族や大切な人の私生活が覗《のぞ》き見され、さらに個人情報があらゆるところで漏えいするような環境や監視、そして監視の道具やビッグデータに関する政策を支持するということを意味しません。

つまり、プライバシーが確実に保護されることが、こうした監視の不可欠の前提であり、またビッグデータ政策の要となるという点が重要なのです。人はプライバシーが保護されることで初めて技術や革新を信頼し、それを利用することができます。そして、プライバシーは人によって感受性が異なるため、一定の基準となる規制枠組みが必要となり、またその人に必要な説明と選択肢が与えられることが前提となって初めてビッグデータの政策も信用されるのです。

つまり、スノーデンが暴露した現状の通り、監視が現実にどのように行なわれているかまったく知らされず、人々にプライバシー保護の選択権がなく、時には個人情報が無軌道に流出してしまう社会、プライバシーを軽視する社会のままでは、デジタル環境上の最悪のシナリオがいつ起きても不思議ではありません。

プライバシーは事後的な回復が困難で人間の品格そのもの

プライバシーが当たり前のように守られている（と信じられている）日常生活の中で、人はしばしばプライバシーのありがたみを忘れてしまいます。

しかし、プライバシーは一度毀損《きそん》されると、あとになって取り戻すことが非常に難しいものです。一度外に出てしまった情報を事後的に回復することが困難であるからこそ、プライバシーを事前に保護するための規制が必要となるのです。

では、人間にはなぜプライバシーが必要なのでしょうか。先述のように、人は何か悪いことを企むためにプライバシーを必要とするわけではありません。それならばいっそのこと、世の中の安全を確保するため、すべての人がプライバシーを放棄すれば、問題は解決するのかもしれません。ですが、その選択をする人はほとんどいないのではないでしょうか。なぜでしょうか？

それは、プライバシーの放棄は個人から「自由」や「尊厳」を奪い去るからです。プライバシーがない世界では、人は常に他者の視線を感じ、萎縮して行動することになります。プライバシーがない世界では、自分の知らないところでなされた個人情報の分析結果のみで、差別や偏見が生じ、それに基づいた待遇を受けることになります。そして、プライバシーがない世界では、個人情報を売り物にされ、私生活が裸にされてしまいます。

仮にプライバシーを放棄した社会が現実となったならば、おそらくその行き着く先は、人間は個人情報を生み出す単なる商品となり、「人間らしさ」そのものを捨て去る世界になるでしょう。

一八九〇年、世界で初めてプライバシーを法的権利として提唱し、後にアメリカ連邦最高裁判所の裁判官となったルイス・ブランダイスは、プライバシー権が「品格」の維持にとって必要であることを主張しました。プライバシー権は人間の「品格」そのものであって、プライバシーがない世界は野蛮で残忍なものとならざるをえません。

プライバシーと民主主義

プライバシーは民主主義にとっても重要な要素となります。一定の私生活を公にしないことは、かえって公の質を高めるからです。

例えば、アメリカではかつてビル・クリントン大統領とホワイトハウスの実習生モニカ・ルインスキーとの不倫スキャンダルが報道されました。大統領には政治家としての資質を問う観点から、プライバシーはなさそうです。確かにその通りでしょう。

しかし、アメリカの国民は、大統領と実習生のホワイトハウスの中での二人の性的関係にばかり注目してしまいました。特別検察官が公表した報告書には、二人がホワイトハウスでどんな性的行為に及んだか詳細に記述されており、多くのアメリカ人の「読み物」になってしまいました。連邦議会での審議では、二人の性的関係ばかりに焦点が当たり、本来優先的に審議するべき政治の問題が差し置かれ、アメリカの民主政治が正常に機能していなかった、と言われます。

私生活はそれを私的なところに留《とど》めておくからこそ、公的な空間では、本来民主政治に必要なテーマに集中して理性的な審議をすることができます。その公的空間に、性生活といった私的な話題が入り込むことは、理性的な審議をはばみ、公私の境界を崩壊させてしまうことになります。政治家などの公人にはプライバシーに一定の制約があることは確かですが、本来民主主義にとって必要なテーマを理性的に審議するためにも、必要以上に私生活を公の空間に持ち込むべきではありません。このような意味において、プライバシーを保護することは、公私の境界を明確にし、民主政治を健全に発展させるためにも必要なのです。

ちなみに、ルインスキーは、暴露本『モニカの真実』（アンドリュー・モートン著、河合衿子訳、徳間書店、一九九九年）の中で、クリントン大統領との肉体関係を否定しています。

オリバー・ストーン監督の警告

映画監督オリバー・ストーンは、スノーデンの半生を描いた映画『スノーデン』を制作しました。二〇一六年九月、筆者はハーバード大学でのこの映画の試写会に出席し、その際ストーン監督のインタビューを見ることができました。映画の制作過程で、ストーン監督は九回ロシアを訪問し、先ほど触れたＮＳＡが行なっているという、スマートフォンのカメラを用いて部屋の中を監視する実際の方法などを確認するため、直接スノーデン本人に映画の内容をチェックしてもらったと語りました。ストーン監督は、この映画は決して政治的なものではなく、またアメリカ国家を敵視しているわけでもない。むしろ、この映画は、プライバシーとは何か、そして民主主義とは何かを考えてもらうために制作したと述べていました。

そして、二〇一三年の国家機密の暴露当時、二九歳の若者であったスノーデンが世界をより良くするために勇気と信念を持って行なった決断に大変な感銘を受けたと語っていました。

プライバシーについて考える

スノーデンが明かした現状の深刻さを顧みると、自らの情報をコントロールすることが不能になりつつあり、世界はもはやプライバシーの危機に瀕しているように思われます。国家が監視の実態を秘密にしたまま、統治者と被統治者との間に情報の格差・非対称性を生み出す事態は、新たな専制を生み出すものであり、決して看過することはできません。では、私たちはこの問題をどう考えるべきなのでしょうか。

本書は、「プライバシー（権）とは何か」、という問いは立てません。プライバシーは他人に知られたくない私事であると一般的には理解されています。ところが、権利論としてプライバシーを理解しようとすると、人によって知られたくない私事が異なるため、たちまち定義をめぐる合意が難しくなります。世界中の多くの優れた研究者たちも試みたプライバシーの定義については、実は一世紀以上にわたる議論を経てもいまだ決着を見ていないのが実情です。しかし、プライバシーがあることは事実です。ですから、時代や社会によってプライバシーの意味が異なるとしても、なぜ私たちはプライバシーを必要とし、なぜプライバシーは権利として保障されなければならないのかを明らかにしなければなりません。

そこで、本書ではこの問題を取り上げるにあたって、定義ではなく、「プライバシーはなぜ守られなければならないのか」という問いに対して考察を重ねていく方法を採り、読者のみなさんと一緒に考えていきたいと思います。

第一章　デジタル化の専制

ヨーロッパのプライバシー保護の起源――アウシュビッツ収容所

二〇一三年九月、ポーランド・ワルシャワで第三五回プライバシーコミッショナー国際会議が開催されました。筆者は、この国際会議で基調講演を依頼されたため、「プライバシーの文化的価値」というタイトルで、それぞれの国におけるプライバシーと文化の話をしました。

「アメリカ人の夫は妻に公の場でキスし私邸でビンタをする。

日本人の夫は妻に公の場でビンタし私邸でキスする」

西欧で生成されたプライバシー権に近いものは東洋にも見られますが、それはまったく同一のものではありません。新渡戸稲造《にとべいなぞう》の『武士道』の一節をあげながら、そのことを紹介しました。何を公にし、何を隠すかは文化によって当然異なります。「滅私奉公」という言葉に象徴されるように、かつて日本人は私生活を犠牲にして、公に対する忠誠を大切にしてきました。そのため、日本では独自のプライバシー観念が生まれており、個人主義に基づいた西欧的なプライバシー権と比べると、他人の私生活にむやみに介入しないという、ある種のエチケットのような少し異なる形で発達してきたのです。

そして第二次世界大戦後、日本国憲法が制定され、日本でもお互い個人の生き方を「尊重」

するという西欧的な理念に基づき、従来の日本の文化的慣習とあいまって独特のプライバシー観が発展していったことを説明しました。また、現代では、個人情報の保護に関する法律（略称：個人情報保護法）への遵法意識が高く、万一情報が漏えいした場合は、翌日のニュースや新聞記事になり、社会的な批判も大きく、企業のレピュテーション（評判）のリスクになること、そして自発的な謝罪や、金銭補償が必要となるといった企業の近年の事例を紹介しました。

さて、筆者の講演のあとに、ポーランドのミハエル・ボニ行政・デジタル化大臣（当時）の講演が続きました。その講演の中で、ボニ大臣は、ポーランドのプライバシー保護法の制定とプライバシー文化には、アウシュビッツ収容所の悲劇が明確に反映していることを指摘しました。ボニ大臣は、ナチスにより収集された個人情報の濫用こそがポーランドの、そしてヨーロッパのプライバシー保護の厳格な法制度の構築につながった、と語ったのです。

その説明を聞きながら、筆者はこの国際会議の数日前に訪問していたアウシュビッツ収容所で聞いた話を思い出しました。

パソコンなどなかった時代に、ナチスがユダヤ人の計画的大量殺戮《さつりく》にいたる過程で、どのようにして三〇〇万人以上とも言われるユダヤ人の個人情報を管理していたのか、そのことについて、収容所の資料館の職員から話を聞いたのです。

ナチスとIBMとの関係

「ナチスはどのようにしてヨーロッパ中を逃げまどうユダヤ人を見つけ出し、個人情報を管理していたのでしょう?」

私がこの質問をしたとき、アウシュビッツ収容所資料館の女性の目が鋭くなり、語気が強くなったのをはっきりと覚えています。そして彼女はこう答えました。

「すべてIBMの仕業ですよ。IBMのパンチカードで集計されたデータによってユダヤ人は見つけ出され、管理され、そして殺戮されました。個人情報が原因なんですよ」

その女性から勧められた『IBMとホロコースト――ナチスと手を結んだ大企業』(エドウィン・ブラック著、小川京子訳、宇京頼三監修、柏書房、二〇〇一年)によると、事は一九三七年IBMのトーマス・ワトソンからアドルフ・ヒトラー宛てに送られた書簡が始まりであるとされています。この書簡に書かれた情報をきっかけにして、IBMが開発したパンチカードを用い、ユダヤ人は劣った民族であるというナチスの優生学思想に基づいてユダヤ人の個人情報を管理する作業、「死に導く計数作業」が始まったのです。

ナチスのユダヤ人迫害は、具体的な迫害以前に粛々と計数作業化されたパンチカードへの登

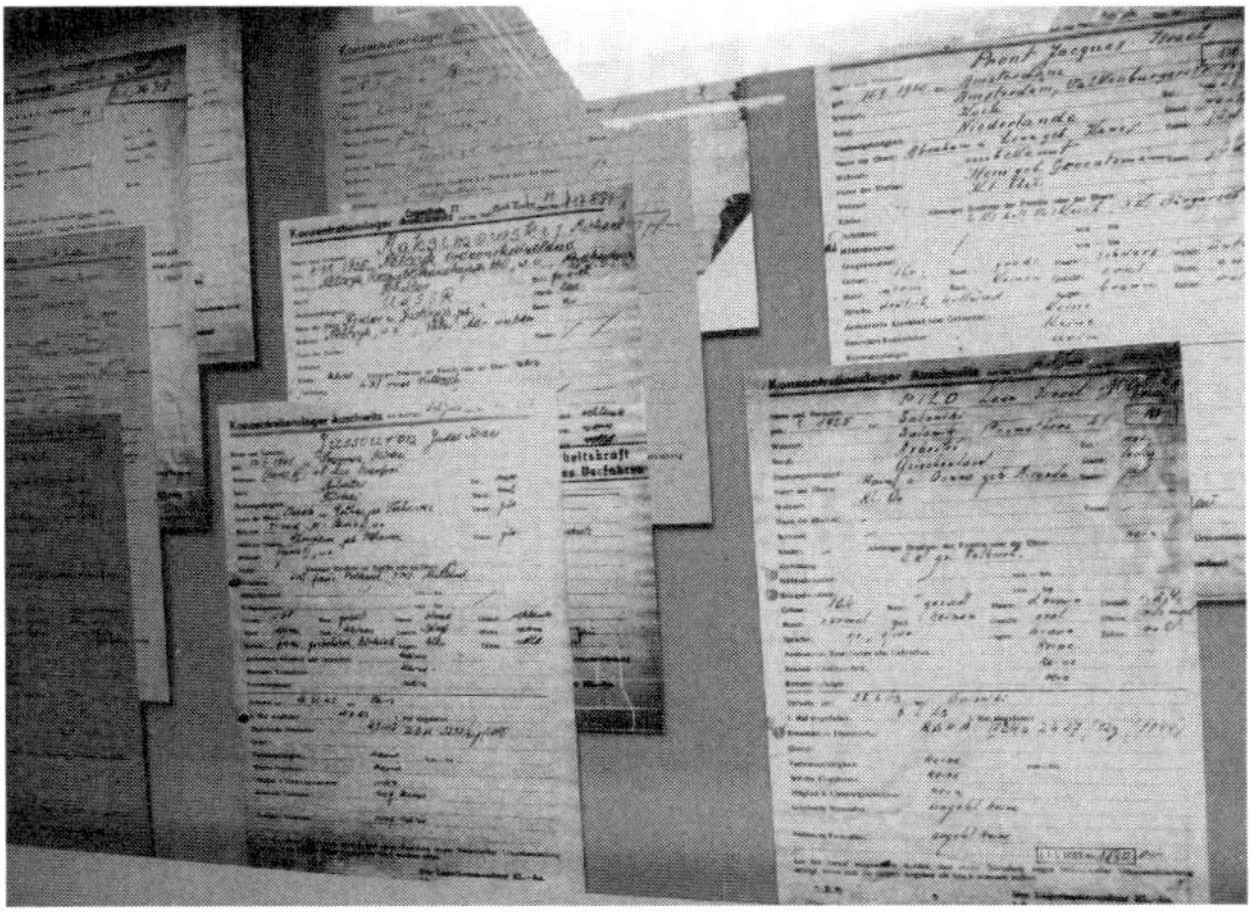

図表1　収容所において管理されていた個人情報ファイルには、身長や体重の他、肌・髪・目の色などの身体的特徴も記録されていました（アウシュビッツ収容所資料館の資料より）

録と国勢調査に始まります。一九三九年五月、ヒトラー政権はドイツ全土で、税務当局による納税調査という表面的な目的を掲げながら、実質的にはユダヤ人種の排除を真の目的とした国勢調査を一斉に開始したのです。

ＩＢＭのパンチカードは、六〇列のパンチカードを一時間に一万二〇〇〇枚処理し、その要旨を八〇列のカードに正確にパンチすることができました。合計で八〇〇〇万枚のカードが実際に使用されていたと言われます。そして、カードに開けられた穴によって、各列に、居住地域、性別、年齢、母国語、職業、その他様々な身体的特徴などが記録され、それに基づきフィルタリングがされました。例えば、ベルリンで最もユダヤ人が集中しているのはヴィルマースドルフ地区であり、約二万六〇〇〇人の教義遵守ユダヤ教徒が同地区の人口の一三・五四パーセントを占めているという統計結果などが浮かび上がってきました。

その後、このパンチカードは、ポーランド、フランス、オランダ、ノルウェー、ルーマニアなどでも用いられました。こうして大規模に収集された個人情報を基にユダヤ人は拘束され、

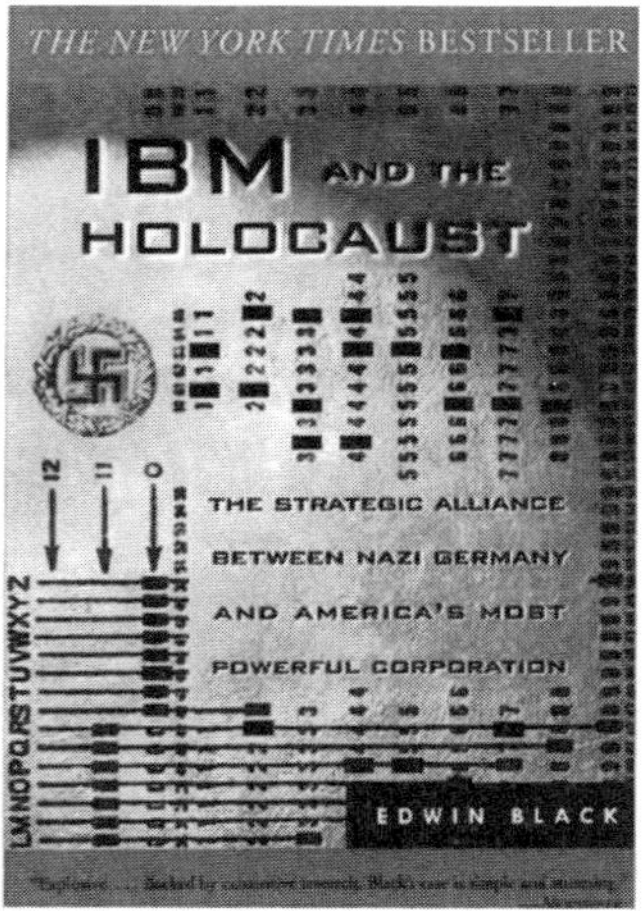

図表2 『IBMとホロコースト―ナチスと手を結んだ大企業』（原書）表紙

パンチカードは大量殺戮の道具として利用されたのです。詳細に実数を把握されていたため、息をひそめて生きていたユダヤ人の存在も次々と明らかにされていき、このパンチカードから逃れられる者はいなかったと言われています。

ＩＢＭのパンチカードの開発者は、自社の製品がまさかナチスの大量殺戮の道具に使われるとは思っていなかったでしょう。過去の反省に立ち、現在、ＩＢＭは他のグローバル企業以上に厳しいプライバシーポリシーを整備し、また、国境を越えるグローバルな取り組みにも積極的に参画する、プライバシーのリーディング・カンパニーに成長しています。しかし、この統計技術が大量虐殺の実現を招いてしまったというＩＢＭのパンチカードをめぐる教訓からは、ビッグデータの問題を考える上で今なお、他の企業も学ぶべきことが多くあると思います。

ＮＳＡの監視

先に触れた通り、二〇一三年六月、エドワード・スノーデンは、アメリカのＮＳＡによる監視活動の実態を告発しました。この告発によって二種類の監視の実態が明らかにされました。

一つは、アメリカ国内で行なわれた電話の傍受による監視。いま一つは、ＰＲＩＳＭプログラムと呼ばれるもので、アメリカ国外の人を対象としたインターネットのメール、添付ファイル、画像などの監視です。このPRISMプログラムは、アメリカの諜報《ちょうほう》機関が直接インターネットに入り込み、メールなどの内容を読み取るというものです。

実際の記録の一部は『スノーデンファイル―地球上で最も追われている男の真実』（ルーク・ハーディング著、三木俊哉訳、日経BP、二〇一四年）で公開されていますが、日本の大使館における外交交渉、財務省などの行政機関や商社などの民間機関が監視されていたことが判明しました。当初、グーグル、フェイスブック、アップルなどはこのような監視の実態を否定、ないし沈黙していましたが、後に実際に日本人のメールなどが監視の対象とされていたことを認めました。

アメリカの諜報機関によって電話が盗聴されていた可能性があることを知ったドイツのメルケル首相は、直接オバマ大統領に抗議した他、アメリカ国内で監視の対象とされていた通信会社ベライゾン社との契約をキャンセルする措置を講じました。EUでは、欧州委員会の副委員長ヴィヴィアン・レディングが、「またやりました。またプライバシーの基本的権利への違反です。また市民の抗議です。また個人データの安全に対する市民の信頼を棒に振りました」とアメリカの監視活動の実態への痛烈な批判をアメリカの「ニューヨークタイムズ」（二〇一三年六月一七日電子版）に寄稿しました。欧州議会は、ただちに監視プログラムを停止するべきであるとする決議を採択し大きな波紋を広げましたが、日本では、菅《すが》官房長官が「極めて遺憾」と述べるに留まり、具体的な抗議にはいたりませんでした。

スノーデンによる告発については、賛否両論があります。スノーデンの告発を称賛する声もあれば、非難する見方もありました。二〇一三年六月一一日に「ワシントンポスト」が発表した世論調査によると、テロの再発を防ぐために政府がEメールなどのオンライン活動を追跡することについては四五パーセントが「実施するべきである」と回答し、五二パーセントが「実施するべきではない」と回答しています。

スノーデンは、二〇一六年五月三日にオンライン雑誌「The Intercept」に公表した「告発は漏えいではない」という評論の中で、次のように述べています。

「CIA本部で最初の任務にあたるに際しては、手をあげ宣誓をします。それは、政府に対する宣誓でもなく、CIAに対する宣誓でもなく、また秘密保持に対する宣誓でもありません。憲法に対して宣誓をするのです」

スノーデンの告発には異論もあるでしょうが、かつてシカゴ大学で憲法を教えていたオバマ大統領が認めている通り、彼が憲法の精神を尊重した結果として提起したという、監視及び安全とプライバシーの問題自体は価値のあることです。少なくとも、現実に、日本人が監視の対象となっていた以上、一度立ち止まって、日本でも真剣に考えられるべき問題だと思います。監視の問題は、かつてのナチスやアメリカのＰＲＩＳＭに留まる問題ではありません。次項からは、日本において近年問題とされてきた監視の実態について、五つの具体的な事例を取り上げます。

ムスリムの監視と公安資料流出事件

日本における監視の実態の一つ目の事例は、二〇一〇年一〇月、警視庁公安部が作成したと見られる文書がファイル共有ソフトＷｉｎｎｙ（ウィニー）に流出した事件です。

その流出文書には、テロ対策の一環として捜査の対象者とされていた、日本に居住するイスラム教徒（ムスリム）の氏名、生年月日、国籍、住所、電話番号などの他、身長、体格、髪、ひげ、メガネ着用の有無などの記載があったのです。

さらに、「女性や子供を対象とした『クルアーン（コーラン）』朗読指導を行なっている」「学院の金曜礼拝に参加」などの行動パターン概要、交友関係やモスクへの立ち入り状況などが細かに記されていました。

漏えいした資料には、ターゲットにされた一万二六七七人のイスラム教徒の情報の他に、捜査員と思われる人物の個人情報やムスリムの実態把握強化推進に関する文書まで含まれていたのです。

このような警察による監視活動と個人情報の漏えいに対して、被害者である一七人のムスリムたちが二〇一一年東京地方裁判所に国家賠償請求訴訟を提起しました。

この訴訟での争点は大きく分けて二つありました。一つは警察が、そもそも具体的な犯行に及んでいない段階で、テロ対策を目的としてムスリムをターゲットとし、個人情報の収集・保管・利用をすることができるかどうか、という点です。この争点は、信教の自由、法の下の平等、さらにプライバシー権に関わる問題です。そして、もう一つは、個人情報を漏えいさせた責任です。

判決では、情報収集活動が国際テロの発生を未然に防止するため必要な活動であるとして、個人データの収集・保管・利用は、国際テロ対策という警察の職務に属する目的であり、違法性はないとしました。

他方で、個人情報を漏えいさせた責任については、ムスリムの内面に関わる最も他人に知られたくない情報が不特定多数の者に伝播《でんぱ》したことに対して、警視庁に情報管理上の注意義務を怠った過失があり、国家賠償法上違法とされました。

東京高等裁判所でも同様の判断が示され、二〇一六年の最高裁判所でも一つ目の争点である、警察によるイスラム教徒に関する情報収集活動については違法性が認定されませんでした。

その後、二つ目の争点については、国家賠償法上の責任として、東京都に約九〇〇〇万円の賠償責任が確定しました。個人情報の漏えい事件では一般的に一件につき、五〇〇〇―一万円程度というのが従来の裁判所の判断でしたが、これを大きく上回る賠償金額が認定されることとなったのです。どのような意図でこの金額となったのかはわかりません。裁判所としては警察の情報収集活動の違法性を認定しない代わりに高額な賠償金を認めたのか、あるいは単に機微に触れる情報であり、被害者やその家族の身体や生命に危険が及ぶ可能性があったために高額の賠償金を認定したのか、それはわかりません。

すでにアルカイダの脅威は意識されていたにせよ、当時はまだイスラム国によるとされる連続的なテロ事件のような差し迫った脅威が西欧諸国でも必ずしも認識されていたわけではありませんでした。それにもかかわらず、日本で実際にテロ行為に及んでいないムスリムを無差別にターゲットとした監視活動が行なわれていたことが、この流出事件によって明らかになったわけです。

二〇一七年二月時点でもこの文書流出の犯人は特定されていません。流出した文書がインターネットと接続されていないところで保管されていたとすれば、警視庁内部の職員による告発であった可能性もありますが、今のところ真実は不明のままです。

自衛隊抗議活動の監視

日本における監視問題の二つ目の事例として、二〇〇七年六月、日本共産党が「イラク自衛隊派遣に対する国内勢力の反対動向」という文書の存在を公表しました。文書には、東北地方での自衛隊イラク派遣への反対活動の動向などが記載されており、活動一覧表にまとめられていました。そして、そこには反対活動に関与した者の氏名、職業、所属、政党などの情報が記録されていたのです。

本件においては、このような一般市民による抗議活動が自衛隊によって監視の対象とされていたことが、プライバシー権の侵害となるかどうかが裁判で争われています。

二〇一二年三月、仙台地方裁判所は、行政機関の保有する個人情報の保護に関する法律によって、自己の個人情報を正当な目的や必要性によらず収集あるいは保有されないという意味での「自己の個人情報をコントロールする権利」が認められるという判決を下しました。そして、同時に、一部の者に対する自衛隊による情報収集を違法であると認定したのです。

第二審の仙台高等裁判所でも、「自己情報コントロール権」の考え方を認め、一部の者のプライバシー侵害を認めています。この事件は、最高裁へ上告が行なわれ、二〇一六年一〇月二六日に上告棄却とされました。

この裁判では、公開の場所で行なった反対活動が果たしてプライバシーの保護対象となりうるか否かが問題とされてきましたが、一般論として、公開の場所で行なった活動それ自体の情報については、保護の対象とは考え難いと見なされています。

他方で、自衛隊が収集した情報の中に、一般に公になっていなかった本名と勤務先が含まれていたことについてはプライバシー侵害を認めています。

この裁判では、公の場所での活動に対してプライバシーが一切認められないとするのか、そして公の場所であれば特定の抗議活動をする人を監視の対象とすることが許されるのか否かが争点となりました。

ツタヤ図書館問題――図書館の貸し出し履歴を民間業者が扱っていいのか?

三つ目の事例として、近年問題となっている自治体のレベルにおける監視があげられます。その代表的な事例が、いわゆる「ツタヤ図書館問題」と呼ばれる事案です。

二〇一二年、佐賀県武雄市では、市の図書館のいっそうの充実を図るため、ツタヤのTポイントカードの運営を行なっているカルチュア・コンビニエンス・クラブを指定管理者としました。民間の知恵を借りて、自治体のサービスを拡充すること自体は歓迎すべきことですし、積極的に推進してほしいとも思います。

とはいえ、公共的使命を果たすことが期待されている自治体の図書館の運営を、ポイントカードの運営会社に果たしてどこまで任せて良いのでしょうか。まず、この点が議論になりました。プライバシー保護の観点からの最大の問題は、図書の貸し出し履歴の保存と蓄積です。

ツタヤのTポイントカードは、連携する店舗のこれまでのレンタルDVDの貸し出し履歴とコンビニで購入した商品の履歴をマッチングさせることで、その人の趣味嗜好《しこう》や行動範囲を分析することができます。これまでの貸し出し履歴を基に利用者に「おすすめの本」を紹介することも技術的にはできるでしょう。問題は図書館が図書の貸し出し履歴をこのような方法で利用しても良いものなのか、ということです。

二〇一五年一〇月五日「神戸新聞」夕刊の報道で、小説家村上春樹氏の高校時代の図書の貸し出し履歴が公表され、高校時代からある分野の小説に関心を持っていたことが話題となりました。しかし、これが本人の同意なしに公表されたことが問題となったのです。図書の貸し出し履歴は、すべてではないとしても、一般論として特定の世界観と結び付く、個人の思想や信条につながる機微情報（特別の配慮を要する情報）であると考えるのが妥当ではないでしょうか。戦前の日本では治安維持法により「思想係検事」という役職を置き、個人の図書の貸し出し履歴を基にその人の思想調査が行なわれていた、という歴史があります。

武雄市の個人情報保護審議会によれば、本人の同意があれば履歴の利用に問題はないとしています。しかし、同意をする前提には、個人情報の取扱いがどのようになっているかを示す透明性を確保する必要があります。

仮に消費者に不利益をもたらす不透明な仕組みへの同意であるとすれば、そのような同意は真正な同意であるとは言えません。図書の貸し出し履歴とポイントカードとの連携が果たして本当に行なわれていないのか、そしてポイントシステムと貸し出し履歴との関係がどのようになっているのか、市は住民に対し個人情報の取扱いの仕組みをわかりやすく説明する必要があるように思います。

GPSによる自動車追跡捜査は許されるか？

四つ目の事例です。果たして自動車の追跡のためにGPS（全地球測位システム）端末を取り付けることは許されるでしょうか？　このような事案が最高裁で審理されました。ＧＰＳの追跡期間、機能、事案の内容によって個々のケースに違いはあるものの、これは裁判所によって判断が分かれる難しい問題でした。

例えば、最高裁で審理された事案として、容疑者らが長崎県、大阪府、熊本県において郵便局で収入印紙を盗むなどしたとして窃盗罪と建造物侵入罪に問われた事件がありました。このケースでは警察が裁判所の令状なしに二〇一三年五月から一二月にかけて容疑者らが利用する車両一九台にＧＰＳを取り付けたのです。そして、ＧＰＳの端末から位置情報を取得するため、警察は約三カ月間で一二〇〇回以上の検索を行なったとされています。

第一審の大阪地裁（二〇一五年六月五日）は、ＧＰＳを用いた捜査は対象車両使用者のプライバシーを大きく侵害するとして、違法であるという決定を下しました。これに対し、第二審の大阪高裁（二〇一六年三月二日）では、プライバシーの侵害の程度は必ずしも大きいものではなかったという判決が示されました。かくして本件は最高裁の大法廷で審理されることとなりました。

一見すると、裁判官によってプライバシー侵害の見方が異なるようにも思えます。この差異がなぜ生じるかというと、これは自動車という特性に応じたプライバシー判断が必要となるからです。公道を歩いている人物の顔などを撮影する場合と異なり、GPSは車両の位置情報を示すだけです。また、対象となった車両を容疑者以外の人物が運転する可能性もあります。さらに、尾行などと違い、GPS捜査は私有地など、容疑者の犯罪行為とは関係のない場所と時間を含め二四時間どこでも追跡が可能です。誰のどのようなプライバシーがどの程度侵害されたのかが問題となってきます。

二例目となる二〇一六年六月二九日の名古屋高裁判決では、「対象者に気付かれない間に……対象者の交友関係、信教、思想・信条、趣味や嗜好などの個人情報を網羅的に明らかにすることが可能であり、その運用次第では、対象者のプライバシーを大きく侵害する危険性を内包する捜査手法であることは否定できない」として、GPS捜査がもたらすプライバシー侵害の可能性を的確に指摘しています。

アメリカでも同様にGPS捜査について裁判で争われたことがあります。これは、薬物の密売をしている容疑者の車にGPSを取り付け、裁判所が示した一〇日間の追跡期間を超えて二八日間に及ぶ追跡を行なった事案です。アメリカ連邦最高裁は全員一致で、プライバシー権ないし財産権の侵害を理由にGPS捜査が憲法違反になると判断しました。

この事案の口頭弁論では、「仮に公道を走る自動車にプライバシーがないのであれば、裁判官の自動車をGPSで追跡しても法的責任を問うことができませんね」という弁護士の主張が、裁判官たちの心証を大きく変えた、と言われています。

ここでの争点は、警察がGPSを用いて容疑者を追跡することが適法か否か、ではありません。争点は、警察がGPSを用いて容疑者を追跡する際に、犯罪と関係のないプライバシー侵害がないか、事前に裁判所がチェックする必要があるか否かです。

第三者である裁判所がチェックした上で令状が発付されれば、そこに示された期間や追跡の方法に従い、容疑者を追跡することは適法な捜査であると言えるでしょう。つまり、犯罪行為と関係のないプライバシーの侵害を最小限度にするため、透明性を担保する第三者である裁判所によるチェックの必要性が問われているのです。

このような位置情報の追跡については、刑事事件に留まるものではありません。例えば、NTTドコモが本人の同意なしに携帯の位置情報を警察に提供を開始することも話題になりました(「朝日新聞」「GPSの捜査利用、本人非通知に変更　指針改定で一部新機種」二〇一六年五月一七日)。

タクシーのカーナビと連動させた位置情報やピザ配達の位置情報を利用者が見ることができるサービスもありますが、労働者の監視の道具として利用されれば、タクシー運転手やピザ宅配員といった、労働者の個人情報保護のあり方とも関わってきます。

また、携帯電話会社が、スマートフォンから入手した位置情報をアプリ会社に提供し、現在地周辺のおすすめのレストランなどを自動で表示するサービスを行なう場合にも、プライバシー権に抵触する可能性が出てきます。もちろんおすすめのレストランの紹介程度に留まるのであれば、プライバシー侵害を主張する人も少なそうです。しかし、一緒にレストランに行き、食事をしている相手も位置情報からわかってしまえば、「あなたは○月○日○時に○○さんと一緒に高級フレンチレストランに行きました」と記録され、蓄積された情報から相手との関係性も推測されるでしょう。

単なるその一瞬の位置情報という「点」の情報も、「点」と「点」が結び付けば、「線」になるわけです。

顔認証による監視

日本の監視に関する五つ目の事例です。二〇一四年、独立行政法人情報通信研究機構が、災害発生時の安全対策にICT技術（情報通信技術）を利用するための実証実験として、JR大阪駅と駅ビルで九二台の顔認証カメラの設置・運用の準備を行ないました。この顔認証技術は、通行者の顔の特徴を自動的に登録し、駅ビル構内での人の行動を把握することができるというものです。しかし、実験開始の直前の二〇一四年三月、市民からの反発により、実験の延期が発表されました。

駅ビル構内には、防犯カメラも設置されていましたが、なぜ顔認証カメラにはこのような市民の反発が見られたのでしょうか。顔認証カメラの技術が一般市民には理解されていないから、で済ませる人もいるかもしれませんが、プライバシー保護の観点から検討しなければならない課題がいくつかあります。

第一に、顔認証カメラの映像情報は数秒以内に消去されるように設計されていると同時に、通行者一人一人にカメラが自動的にＩＤをつけて追跡するとされている点です。しかし、その数秒間のカメラ撮影であっても、一般には個人情報に該当するものと考えられます。数秒間だけの顔の映像だから個人情報保護の法規がまったく適用されなくて良い、ということにはなりません。

第二に、一般の通行者は、防犯カメラに瞬間的に映ることは想定していますが、施設内部での行動が追跡されることまでは考えていません。今回設置された顔認証カメラには特別の表示もありませんでした。通行者には、カメラが追跡するという目的で使われるということが十分に伝わらないのです。市民にカメラの設置や利用目的を知らせずに、追跡をするとなれば、不正な個人情報の取得ではないか、とも言われかねません。

第三に、顔認証カメラの映像情報が本当に一人残らず消去されているかどうかは通行者にはわかりません。防犯カメラの画像であっても個人が容易に識別され、体系化されて保管された個人データと理解される場合は開示の対象となります。

その他にも、映像・画像の保存期間も公表されていませんでしたし、誘導避難の安全対策という目的で顔認証技術を利用しなければならないとする、そもそもの理由についても検討が必要だったと考えられます。

このような顔認証カメラを用いた方法は、私たちが意識していない様々なところで利用され始めています。例えば、成田空港では検問を廃止して顔認証カメラが導入され、Jリーグのサッカースタジアムでも事前登録した顔写真との照合での入場システムの実証実験がされています。丸善ジュンク堂書店では、店舗における万引き対策としての顔認証カメラが導入され、さらには自動販売機での、性別や年齢を推測してのおすすめ商品提案のために、顔認証がすでに運用されています。

法律上は、「防犯カメラによって撮影されたカメラ画像が特定の個人を識別できる場合には、録画された映像は『個人情報』に該当します」という解釈が確立しています（個人情報保護委員会「よくある質問～個人情報取扱事業者向け～A３―３」）。すでに自治体によっては監視カメラの運用に関する条例を制定しているところも見られますが、顔認証機能を含む監視カメラについては、設置の基準、画像の保存期間、開示の方法などを含むガイドラインの整備が必要であると考えられます。通行者を偶然に短時間のみ撮影する監視カメラと異なり、顔認証カメラは特定の顔を追尾し自動的にデータベース化しうる点で、より厳格な規制が求められます。

このように、最先端技術を用いた監視は政府によって行なわれるものだけではないのです。むしろ民間、グローバル企業における監視の方が最先端技術を用いていて、はるかに多くの個人情報を対象とすることができるということはよく理解しておかなくてはなりません。

生活を豊かなものにするためにこうした新しい技術が実用化されることは大いに歓迎するべきことですが、一方でプライバシーが守られているという前提と利用者の安心感を保障することが不可欠となります。

ビッグデータの光と影

さて、ＩＣＴ技術を意味あるものにする秘訣《ひけつ》は何でしょうか？

それは大量のデータを的確に分析する能力です。「データサイエンティストは、二一世紀で最もセクシーな仕事となる」（Thomas H. Davenport & D.J. Patil, Data Scientist : The Sexiest Job of the 21st Century, *Harvard Business Review*, October 2012）と言われるように、大量に押し寄せるデータの波乗り技術、つまり分析・利用の技術を備えた人材は今後益々必要になるでしょう。

詳しくは第二章に譲ることとしますが、そもそもビッグデータとはいったいどのようなものでしょうか。ビッグデータは、データの量（volume）、種類（variety）、そして処理速度（velocity）を特徴としています。

ビッグデータは単なる個人データの集合体としての統計データではなく、その統計から導き出された、パーソナライズされ、カスタマイズされた情報でもあります。監視の対象は人ではなく、データであって、特定のターゲットではなく、あらゆるデータをかき集めます。そして、事後的な検証だけではなく、事前の分析予測によってビッグデータは成り立っています。

ビッグデータの典型例としては、アマゾンの「おすすめの本」があげられるでしょう。書店の店員さんの長年の売り上げ経験に頼るよりも、アマゾンの書籍の購入履歴と閲覧履歴に基づくデータの方がはるかに迅速で、大量で、そして様々な種類のマーケティングを成功させているのは事実です。

最近では、有料動画配信業者のネットフリックスが、視聴者が番組のどの場面で早送りをし、巻き戻しをしているかという非常に細かいデータまで徹底的に分析していると報道されています（「朝日新聞」「耕論　アマゾンの進撃」二〇一五年一〇月一五日）。

また、将来ロボットが活用できるかどうかもビッグデータに大きく依拠しています。人間のあらゆる特徴の膨大なデータをロボットにインプットし、編集加工することで、ロボットはより活躍できるようになるでしょう。私たちは好むと好まざるとにかかわらず、ビッグデータの恩恵について適切に理解するべきでしょう。

他方で、ビッグデータの影の部分も私たちは知っておく必要があります。

例えば、保険会社にとっては、疾患リスクを予測することは重要で、大量の健診データを分析し、将来の高額な医療費につながりやすい疾患を予測することができれば、商品開発にもつながるでしょう。保険会社としては顧客を差別する意図がなくても、顧客のデータの分析結果に応じ保険料を変更した方がビジネスとしては効率的です。

しかし、遺伝情報などがその分析に使われることになれば、人が生まれながらにしてデータによって差別される時代が訪れかねません。ひとたびそうなったら、ある顧客がなぜ自分だけが他の人よりも高い保険料を設定されているのかと保険会社に尋ねても、データがそう示している、と言われて終わりでしょう。

アメリカでは遺伝情報の分析により保険料設定を行なうことが保険会社のビジネスモデルになったことがすでにあり、結果として「差別の温床になる」という懸念の声が大きくなったため、「遺伝情報差別禁止法」を二〇〇八年に成立させました。しかし、近年は日本でもデータ分析会社と保険会社による遺伝情報利用研究が進められるようになっています。一度も病気をしたことのない人であっても、潜在的に疾患リスクの高い人物であるとレッテルを貼《は》られるビジネスが蔓延《まんえん》しないか、不安を感じるところです。

そして、ビッグデータは、その利用の仕方やルールづくりを誤ると、アメリカのNSAの監視プログラムのような使い方ができてしまうのです。オバマ政権が二〇一二年にビッグデータを目玉政策として掲げ、国土の安全などを目的に二億ドルもの予算を投じた翌年にNSAによる監視が告発されたのは、なんとも皮肉な話でした。

データベーランスから導かれる自我像

「データベーランス（dataveillance）」という言葉があります。これは、データ（data）と監視（surveillance）という二つの言葉を組み合わせた造語です。

ビッグデータの時代には、ある人物のイメージを把握するために、実際に会って話す必要はありません。今やその人のデータを監視し、分析することでその人の人物像が浮かび上がってくるのです。この徹底的なデータの監視と分析による客観的な人物像は、個人の主観的な評価や判定よりもはるかに正確なものとなる場合があります。

このようなビッグデータはなんとなく「気味が悪い（creepy）」という声をしばしば耳にしますが、いたずらにおそれるのではなく、冷静にビッグデータの光と影の部分を考える必要があると思います。

では、ビッグデータがもたらす具体的なプライバシーリスクとは、何でしょうか。それは、データから導き出された自我像が勝手に造られること、すなわち「プロファイリング」にあります。もちろんデータが客観的にはじき出した自我像ですので、それが真の自分に近いということはあるかもしれません。

ビッグデータの時代におけるプライバシーの権利はまず、「データへの抵抗」のためのプロファイリングを基軸に考えていく必要があります。

しかし、「データへの抵抗」が非常に困難な場合があります。すなわち、自分の力ではどうにも変更することのできない個人データ、例えば、DNA情報です。DNA情報からは病気のリスクや薬の効果を知ることができます。

遺伝情報を変更しようと思えば、生まれる前から遺伝子組み換えを行ない、受精卵自身のDNAを操作するしかありません。いわゆる「デザイナーベイビー」という倫理的な問題が生じます。この他に、例えば新型出生前診断（NIPT）でトリソミー（染色体）の異常によりダウン症や心臓疾患などの高い可能性が判明した妊婦の九六・五パーセント（三四六人中三三四人）が中絶していたことが報道されています（「毎日新聞」二〇一六年四月二五日）。

出生前診断には非常に難しい倫理的な問題が含まれているように思います。少なくとも、将来、人間の遺伝子組み換えのような非人間的な個人情報の操作を防止するためには、個人情報の取扱いの倫理的議論を深め、法的規制を整備していくしかないのだと思います。

また、専門職として秘密保持義務がある医師とは異なり、民間では遺伝情報がビジネスの道具となるという具体的な危険も存在します。すでにDNA検査は身近なものとなり、今や五〇〇〇円も出せば自宅で検査ができる時代です。

しかし、一度検査をすると、「生殖細胞系列変異」と呼ばれる、親から子供に受け継がれうる遺伝子変異についても記録が残り、本人のみならず子孫も「データへの抵抗」が困難となることに注意が必要です。なんとなく受けてみようというDNA検査が自分の子孫の将来にまで影響するとなるとためらいを覚えるのは筆者だけでしょうか。

この他にも、自分で努力して変わろうとしても、「データの呪縛」から逃れることが難しい分野はいくつかあります。国籍、過去の病歴、前科、何年も前の債務履歴といった個人情報は、それが記録として残っているだけで、社会生活の中で具体的な差別や偏見をもたらすリスクが生じるのです。

データの売買と二次利用——大量漏えいした個人情報の行方

二〇一四年七月、大手通信教育会社ベネッセコーポレーションの業務委託会社から最大二〇七〇万件の個人情報の漏えいがあったことが公表されました。漏えいした情報は、サービス登録者の氏名、性別、生年月日などの他、出産予定日まで含まれているケースもありました。

この事件の詳細については、業務委託先の元社員が延べ二億一六三九万件の顧客などの個人情報をUSBケーブルを用いて自分のスマートフォンに転送し不正に取得した、ということが約二カ月後に個人情報漏えい事故調査委員会による調査報告で明らかにされました。重複している個人情報が見られたため、ベネッセが数え直したところ、約四八五八万人の個人情報が漏えいしたことが報告されています。

そして、この個人情報は名簿業者三社に売却されました。このように大規模な個人情報の名簿業者への転売は例がなく、大変な注目を浴びたのです。

しかし、実際には名簿業者への個人情報の転売自体はそれまでも行なわれてきたことでした。そんな中、消費者庁が名簿業者八社からのヒアリング結果をまとめた、興味深い報告書を公表しました（消費者庁「名簿販売事業者における個人情報の提供等に関する実態調査」二〇一六年三月）。

報告によると、名簿業者によってデータベース化された個人情報は、大半が六〇〇〇万―一億件となっていますが、重複分を含めると、最大で三億件程度の個人情報を保有している業者もあるそうです。

そして、同窓会などの名簿買取価格は、一冊あたり七〇〇〇―三万円程度で、データ取得単価は、個人情報一件あたり〇・一―一〇円程度となっています。展示会入場者データなどは、一件あたり五〇円程度と高く売買されているようです。健康食品、化粧品などの販売会社が名簿業者から個人情報を購入することが多い、という指摘も見られました。前述のベネッセの流出事件のリストに関しては、五万―一六万円の値段で八〇〇万件の個人情報の売り込みがあったそうです。

この事件は、消費者が知らないところで個人情報が転々と流通・売買されている事実を公にしました。

ところで、「日本の個人情報保護法制では、名簿業者を取り締まることはできないのか」と思う人もいると思います。しかし、大学や高校などの同窓会名簿でも、それを扱う事務局は広い意味では名簿業者と言えます。町内会で住民の名簿を管理している場合も等しく「名簿業者」と言うことができるかもしれません。つまり、どれが悪い名簿業者でどれが良い名簿業者かを線引きして見分けるのは困難です。

そこで、法律上は、いわゆるオプトアウト方式、名簿から自分の個人情報の削除を申し出る手続を定め、それに応じて削除している限りは適法であるとされてきました。

なお、日本のほとんどの名簿業者は、同窓会名簿などをデータベース化する手法で、非常に古典的な方法で個人情報の売買をしています。しかし、アメリカで名簿業者に相当するデータブローカーは高度な技術を用いて個人情報の売買を行なっています。連邦取引委員会が公表した資料によれば、例えば、フェイスブック一〇億人の利用者が閲覧した広告・宣伝に関するデータを保有し、それを売却するような業者が見られます。さらに、七億九五〇〇万件以上の不動産取引に関する個人データを保有している業者や、アメリカ国外を含む消費者の取引データを七億人分も保有している業者もいました。

ビッグデータの本質はデータの二次利用にあります。単なる不動産取引の情報でも、そこには収入、家族構成、経済状況の情報が含まれており、この情報がSNSの宣伝広告の閲覧履歴と結び付けば、人物像が浮かび上がってきます。中には、性的暴行の被害者リストや性感染症患者の名簿の売買まで行なわれている闇市場の存在も明らかにされてきました（The Dark Market of Personal Data, *New York Times*, October 16, 2014）。

個人情報の漏えい事件で怖いのは、漏えいそれ自体よりも、その漏れた情報が売買され、他の情報と結び付けられることです。極論を言えば、単純な個人データが漏えいしても、それが一切悪用されなければ、そこから先、日常生活において財産的・人格的被害が生じることはほとんどないでしょう。確かに、機微情報の漏えいは別ですが、他人に知られたくない情報が知られてしまうというプライバシー侵害はあったとしても、漏えいによる具体的な損害がどのようなものかを冷静に分析する必要があります。つまり、漏えい事件が発生した場合、クレジットカード番号の悪用などの漏えいの二次被害や、過去の債務履歴や病歴の転売など本来の目的とは関係のないデータの二次利用こそ防止しなければならないのです。

安全とプライバシー

安全とプライバシーという二項対立の問題についても、深く考えるべきです。「安全のための監視」と言われて、なんとなく「気味が悪い」という印象だけで片付けるべきではありません。

オバマ大統領（当時）は、スノーデンによる告発を受け、「一〇〇パーセントの安全と一〇〇パーセントのプライバシーを、何の苦労もなく両立させることはできないと認識することが重要である」と国民に訴えかけました。

この問題に関してはしばしば次のような極論を述べる人を見かけます。防犯カメラは犯罪の抑止になるし、その効果があるのだから、街中に防犯カメラを設置するべきである、という主張です。しかし、これはあまりに短絡的な発想ではないでしょうか。

果たして防犯カメラを設置した街では犯罪がなくなったのでしょうか。その街で犯罪が起きれば、犯人は必ず捕まるのでしょうか。

私はアメリカのカリフォルニア州における防犯カメラの設置と犯罪の増減の動向について調査したことがありますが、カリフォルニア州の司法担当者によれば、そのような相関関係は証明されていないのです。防犯カメラを目立つところに設置した場合、局所的な減少が見られる場合があるものの、犯罪は別の場所で起こるにすぎない、という少し古い調査結果も教えてもらいました（Marcus Nieto, Kimberly Johnston-Dodds & Charlene Wear Simmons, Public and Private Applications of Video Surveillance and Biometric Technologies, California Research Bureau, 2002）。

さらに、防犯カメラに関しては、州の税金からカメラ設置のために拠出されるコストが問題視されてきたのです。安全・安心は誰しも必要とするものですが、本当に犯罪が減少し、具体的な市民へのメリットが得られているかどうかについて、監視カメラのビジネスモデルを検証する必要があります。

日本に目を転じると、二〇一五年一一月に靖国神社のトイレで爆発事件がありました。これはトイレの個室の中での犯行でした。だからといって、「人から見えないトイレの個室は犯罪の温床となるから、全国すべてのトイレの個室内を監視できるよう防犯カメラを設置するべきだ」ということにはならないでしょう。やはりプライバシーへの配慮が必要となるのは言うまでもありません。

一方で、逆の立場の極論にも注意が必要と考えます。「安全を守るとはいえ、プライバシーはいかなるときも絶対に犠牲にするべきではない」という主張です。しかし、例えば、企業などで重要な情報が蓄積された部屋へのアクセスに従来型の鍵を利用していては、鍵を紛失しただけで他人に侵入されるおそれがあります。そこで、顔認証カメラを使い、登録された一定の社員しか入室できず、また入室の記録も残すような仕組みにすれば、不正が起こる可能性はまず考えにくいでしょう。

別の例をあげれば、銀行強盗など凶悪事件が起きたときに、犯人の身長や着衣から逮捕につながる事例は現実に報告されています。防犯カメラで本人の顔の特徴などが撮影されていない場合でも、身長や着衣の映像が重要な手掛かりとなります。近年では、人の顔の画像・映像をすべて自動的に検知し、ぼかしを入れるカメラ機能もあり、事件などが起きた場合に、そのときだけ事後的に顔のぼかしをとるルールを構築しておけば、多数の人のプライバシーの侵害のおそれは低減されるでしょう。

「安全をとるか、プライバシーをとるか」という議論も大切だと思いますが、具体的なケースごとに、いかなる要件であれば安全が保障され、またプライバシーが保障されるべきか、できる限り両者の win-win 関係を築けるよう個別の事案を積み上げていくことが大切だと筆者は思っています。オバマ大統領が述べている通り、安全もプライバシーも私たちにとって重要であって、二者択一の問題とするべきではありません。言葉のレトリックに惑わされるのではなく、実証的な研究を深めていくことが大切であると考えています。

「ビッグブラザー」から「リトルブラザー」へ

ジョージ・オーウェルは小説『１９８４年』の中で、「ビッグブラザー」と呼ばれる、人の思想・行動を取り締まることを想定した巨大な機関としての真理省や愛情省を描き、注目を浴びました（『１９８４年』ジョージ・オーウェル著、新庄哲夫訳、ハヤカワ文庫、一九七二年）。

しかし、今、私たちの生活の中でデータを収集し分析しているのは、政府や、インターネット大手企業などの巨大な組織だけではありません。オーウェルの考えていた社会はすでに変化しており、今では日常生活に身近な小さな企業や組織でも、データの収集と分析は可能なのです。これは技術の進歩にともなって、個人データを収集し保存することが簡単でコストがかからないものとなっていることが原因です。

例えば、地域のスーパーマーケットで買い物をし、共通ポイントカードを一定期間使ったとします。そこから半径何メートル以内であれば、その人は他のコンビニなどでそのポイントカードを使うのか、時間帯はいつが多いのかといった情報が取れ、行動範囲がわかってきます。ポイントカードの購入履歴をより細かく分析し、関連付けすればもっと多くのことがわかるでしょう。

アメリカではこんな話がありました。ターゲットというスーパーマーケットのウェブサイトで特定のローションとサプリメントを購入した女子高生がいました。すると、後日その女子高生の自宅にベビー用品のクーポンが送られてきました。それを見た父親は、まだ高校生である娘を妊娠させようとしているのか、とスーパーマーケットに抗議しました。

しかし、あとでこの父親は娘が本当に妊娠していたことを知らされるのでした。つまりターゲットの分析は、妊娠初期の多くの女性が購入する特定のローションとサプリメントという組み合わせなどにより、この女子高生が妊娠していたことをデータから見抜いていたのです。ちなみに、三月にそのローションやサプリメントを購入する女性は、八七パーセントの確率で八月下旬に出産予定であるとデータが示していたそうです。つまりこれは、町のスーパーマーケットからも私生活が、実の父親よりも早く正確に把握されてしまったというケースなのです(How Companies Learn Your Secrets, *New York Times*, February 16, 2012)。

私たちを取り巻くデジタルな環境では、いくつかのデータをパズルのように組み合わせるだけで私生活が明るみに出てしまいます。今や巨大な監視組織だけが昼夜を問わず監視の目を向けているわけではありません。これはすでに町のスーパーマーケットでも可能になっているのです。

「ビッグブラザー」だけでなく、「リトルブラザー」も現れたのです。

プライバシーの権利と構造のあり方を問い直す

これまで見てきた通り、ビッグデータの時代を迎え、プライバシーはかつてないほどの危機にさらされています。それは、従来型の個人情報の漏えいのリスクに留まるものではありません。

ここでプライバシーに関する現状の考え方を整理しておきます。

第一に、本来自分のデータは自分のものです。しかし、利用者がコントロールする力を失いつつあります。

ビッグデータの時代においては、生きているだけで人はデータを生み出します。名簿業者が個人情報を転々と売買する状況を恐れて、家にこもってインターネットを使わず、ビッグデータとのお付き合いは一切しない、と考えても、もはや現代生活においてはそれは無理な話です。

例えば、西日本ですでに始まっているスマートメーターというサービスでは、電力会社があなたの自宅の電力計を遠隔で一定時間ごとに計測しています。部屋の電気をつけたり、お湯をポットで沸かしたり、ドライヤーを使えば、計測器がそれぞれに反応を示し、あなたの家の中

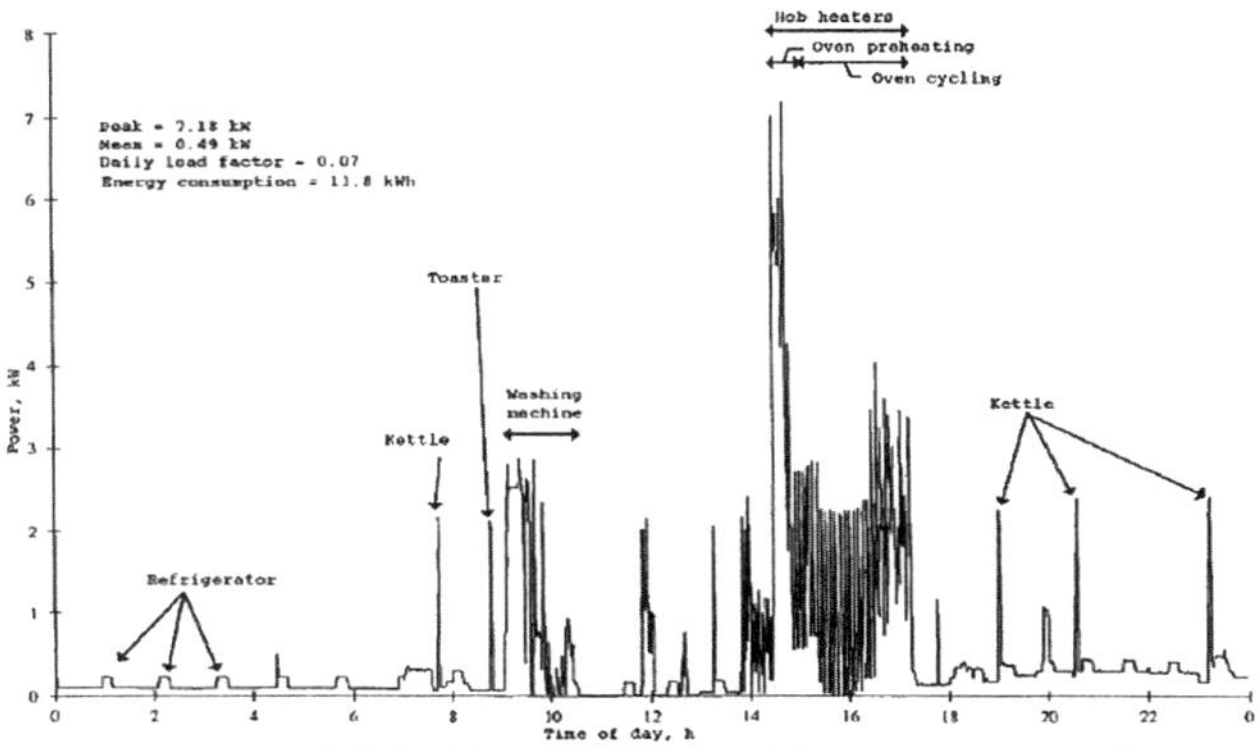

Figure 1: Household Electricity Demand Profile Recorded on a One-minute Time Base[6]

図表3　自宅内でトースター、オーブン、ドライヤーなどを利用すると電力消費が急激に大きくなり外部から生活の様子がわかってしまうことなどが明らかにされています。アリエル・ブレイシャー「スマートグリッドにおけるプライバシー」 2010年10月5日（Privacy on the Smart Grid, Ariel Bleicher, October 5, 2010 http://spectrum.ieee.org/energy/the-smarter-grid/privacy-on-the-smart-grid）より

での行動を明らかにすることができます。ドイツの研究者によれば、性能の良い計測器であれば、家の外からでも自宅内でどのテレビ番組を見ているか、ということすらわかってしまうのです（Ulrich Greveler, Benjamin Justus & Dennis Loehr, Multimedia Content Identification Through Smart Meter Power Usage Profiles, International Conference on Information and Knowledge, 2012)。

　個人情報はあらゆるところにあふれており、今どこの会社に自分のどの情報があるかを完璧に知っている人などいないでしょう。このように、ビッグデータの世界では、あなたが知らないところで、あなたのコントロールが及ばない形で、個人情報が使われているのです。

第二に、利用者の「コントロールの喪失」の背景にあるのが、個人情報を使う側の透明性と説明責任の欠如です。

企業側は個人情報を取扱う場合、苦情処理や開示請求に備え、プライバシーポリシーを制定するのが一般的です。しかし、利用者はプライバシーポリシーに同意しなければサービスが利用できないため、否応なしに同意ボタンをクリックするのが現状です。同意のクリックはある種の儀式であって、個人情報を適切に取扱っているか否かをチェックする手段ではありません。

個人情報の取扱いに関する透明性を高め、消費者・利用者への説明責任を果たすための新たな「構造」が今、必要とされています。監視の文脈で言えば、監視に対する最も有効な防止策は「監視」です。NSAの監視による実態で明らかになったように、監視に対するチェック体制が十分に機能していなかったことが問題でした。

つまり、NSAの監視の実態が法の制限を超えるものであるか否かをチェックするための監視が必要だったのです。このような「監視に対する監視」という「構造」がビッグデータの時代には必要となります。

私はこの二点について、前者がプライバシーの「権利」に関する問題、後者はプライバシーの「構造」に関する問題であると理解しています。すなわち、消費者・利用者側のプライバシーの「権利」と、事業者・行政側のプライバシーの「構造」のいずれもが、ビッグデータを前に危機にさらされているのです。

プライバシー・ナッジ

筆者は二〇一二年にハーバード大学で憲法の権威であるキャス・サンスティィン教授のセミナーを聴講しました。そのときに、サンスティィン教授は自身のホワイトハウスでの経験を基に、規制のあり方について〝ナッジ（nudge　軽く押す）〟という興味深い話をしてくれました。

人は、つまらない講演を聞いていても、快適なソファーに座っていれば、そのまま講演を聞こうとします。しかし、面白い講演でも、椅子が固く室内がとても暑ければ、人は聞くことを断念して外に出ます。人の行動は環境に依存しがちです。つまり、人は身の回りの環境に導かれた方向へと進むのであり、すべての人があらゆる行動について合理的な判断を下すとは限りません。

これは、プライバシーをめぐる問題でも同じなのかもしれません。私たちを取り巻く環境が快適であれば、人はたとえ個人情報が不正に扱われていても、それをよしとして、プライバシーを放棄するかもしれません。典型的なのが無料で使えるメールサービスでしょう。たとえ、プライバシーポリシーが利用者にとって不利なものに変更されたとしても、メールサービスをやめる人はほとんどいないでしょう。結局、変更されたプライバシーポリシーに従わざるをえないのです。人をそっと押してあげれば、人はその押された方向に流れていくものです。これは、プライバシー保護の設定についてそっと押された方向に流れていくため、「プライバシー・ナッジ」と呼ぶことができます。

プライバシーを守るために規制をするということは、このそっと押された方向に逆らうことなのかもしれません。一度流された方向に進み続けると、あとになって気付いたときには、自分の個人情報を取り戻すことができなくなっているかもしれないのです。その意味で、プライバシー権というのは今の自分を守る権利というよりは、将来の自分を守る権利と言えるかもしれません。

第二章　ビッグデータの覇権とプライバシーの反逆

アルゴリズムによる刑罰

二〇一六年七月一三日、アメリカ・ウィスコンシン州最高裁判所がある男性に六年間の懲役刑を言い渡しました。この男性は、二〇一三年二月一一日にウィスコンシン州のKane通りで走行中の車から発砲事件を起こし、死傷者は出なかったものの、公共の安全を脅かした罪などに問われていました。

この男性の刑期を言い渡したのは裁判官です。そして、裁判官が量刑を決定する際に依拠したのが、ビッグデータでした。ビッグデータによれば、この被告人は、再犯の可能性が高い「リスクの高い人物」であると判定されたため、そのデータに基づいて裁判官は刑期を決めたのです。

この六年間という刑期は、COMPAS（代替的制裁のためのプロファイリングによる矯正的犯罪者管理）と呼ばれるアルゴリズムによってはじき出されました。これは、前科、仮出所、年齢、職業、社会生活、学歴、共同体との結び付き、薬物利用、信仰など一三七項目からなる犯罪者のデータを基にその人物の危険度をはじき出す仕組みです。このデータから本件の男性はリスクが高いと判定されたのです。

この判決で、裁判官はこのようなアルゴリズムによる危険度判定は、必ずしも適正な手続によって裁判を受ける権利を侵害するものではない、と言いました。

二〇一六年五月、ホワイトハウスが「ビッグデータのアルゴリズムシステム、機会及び市民権に関する報告書」を公表しました。その中でも、犯罪がどの地域でどの時間帯に起きやすいかを予測する「予測的警備（predictive policing）」におけるビッグデータ活用の意義を強調しています。予測的警備を用いると、地域の安全を守るのみならず、個々の事件をより公正で公平に、そして客観的に裁くことができるというのです。

予測的警備を用いれば、個々の警察官の主観的な判断や経験に委ねるのではなく、データに照らし、誰に職務質問をして、誰を捜索して、誰を逮捕するべきかを客観的に決めることができます。

シカゴでは、ビッグデータが市内で最も危険人物とはじき出した約四〇〇人に対し、犯罪を起こしていないにもかかわらず、警察が自宅を訪問して警告が行なわれたことが報道されています。このリストに入っていた一七歳の女子高生は警察が訪問してきたため、ショック状態に陥ったとも言われています。ですが、治安維持を優先する立場からは、シカゴのすべての人を対象として危険度のスコアをつけるべきではないか、という意見も出されています（Chicago police use 'heat list' as strategy to prevent violence, *Chicago Tribune*, August 21, 2013)。

しかし、何の犯罪とも関係のないあなたがもしも危険者リストに掲載されていたらどう思うでしょうか。危険度を判定しているのはあくまでデータです。このデータはあなたの本当の人物像を知っているわけではありません。

ビッグデータを用いた治安対策についても、これが過去の「他の犯罪者」のデータを基に「あなた」の危険度を判定する仕組みであることに注意を要します。ホワイトハウスの報告書でも、刑事司法分野のデータが非常に乏しいため、予測的警備の効果が確かなものではなく、犯罪と無関係な人々への差別と偏見をもたらす危険が指摘されています。

日本でも事件事故の発生マップが公表されており、安全な生活のためには非常に有益な資料となります。これを一歩進めて、「ビッグデータを基に公道に設置された監視カメラが通行者や自動車を自動で識別して、過去の情報を照合してすべてリスクに応じて点数をつけるべきである」という議論が起きたときに、プライバシーの保護とのバランスをどう考えていくべきでしょうか。

ゲノム情報が保険加入や雇用の審査に使われたら……

二〇一三年五月、アメリカの女優アンジェリーナ・ジョリーが、乳がんになるリスクが高い遺伝子変異が見つかり、遺伝子検査の結果、八七パーセントの確率で将来乳がんになると医師から診断されたため、乳房切除手術を受けたことが報道されました。遺伝情報は、個人の遺伝的特徴や体質を示す情報で、親子関係の判定や特定の病気のリスクを調べることができます。

近年、「オーダーメイド医療」と呼ばれる、個々の患者のこれまでの病歴や身体的特徴に基づいて最適な医療を行なうサービスが注目されています。オーダーメイド医療の実現を目指した研究機関である東京大学医科学研究所内のバイオバンク・ジャパンでは、二〇〇三年の設立以来一〇年間で、四七疾患、二〇万人の患者の協力を得て、遺伝情報の違いと病気のかかりやすさとの関係などの研究を行なってきています。血清、遺伝情報、臨床情報の収集も始まり、新たな医療への貢献が期待されています。

他方で、このような個人情報に基づく治療には、倫理の問題がつきまといます。例えば、日本では、第一章でも紹介した通り、母体から採取した血液を分析して胎児の染色体異常を検査する新型出生前診断で異常が判明した妊婦の九六・五パーセントが中絶をしたという報告があります。また、近年、遺伝子治療やゲノム編集治療が注目を集めており、エイズの治療への応用なども検討されています。このような個人情報に基づく治療を果たしてどこまで進めていくべきか、今後倫理的な問題に関する議論をしていく必要があるでしょう。

このような遺伝情報や医療情報という個人情報が、医療の現場のみで医療技術の発展に寄与するために用いられるのであれば、倫理的な問題を除けば大きな異論はなさそうです。しかし、このような遺伝情報や医療情報がビジネスに用いられるとなると、大きな問題を引き起こしそうです。

さらに、私たちは過去に遺伝情報が社会の中で差別と偏見をもたらしてきた事実を忘れてはなりません。遺伝情報の悪用の最たる例は、ユダヤ人の絶滅を企て、ドイツ民族の品種改良という御旗《みはた》を掲げたナチスの優生政策です。また、アメリカでも、いくつかの州では、〝劣等人種〟の移民増加を防ぐことを目的として、断種法により不適格と見なされた人の強制的な断種手術が行なわれた歴史もあります。遺伝情報を理由に民間の医療保険への加入を拒否したり、あるいはリスクの高い遺伝情報を持つ者の加入金を高く設定したりするビジネスや、劣った遺伝情報を持っていると判断された者を雇用しないという政策を行なうことも可能となります。

近年、ゲノム情報に関するビジネスが注目されています。自宅で自分の唾液《だえき》を企業に送付すると、ゲノム情報を解析し、その人の疾患リスク、肌老化や肥満などの体質、さらには子供の才能までも調べられるというものです。ヤフーやＤｅＮＡなどの企業も遺伝子検査ビジネスに

図表4　近い将来には遺伝子検査が採用試験や優良顧客の判別で用いられるかもしれません。（左）会社の採用試験では、ペンと紙のほかに、尿検査用のコップがあります。（右）スーパーの買い物では、郵便番号と電話番号を教えて、採血を行えば割引になります。参考リンク　https://raceandtechnology.wordpress.com/2014/12/10/genetics-a-double-edged-sword-2/

参入しています。もしかしたら、将来は、就職面接の代わりに遺伝子検査に基づく採用や、最適な結婚相手を見つけるための遺伝子検査といった利用も見られるようになるのかもしれません。

　しかし、医師以外の者によるゲノム情報を用いての医療行為や診断は、医師法で禁じられています。ゲノム情報に基づき、確立された医学的手法によって、特定の個人の疾患リスクを予測することは、診断に該当します。そのため、医療目的以外のゲノム情報を用いたビジネスは、どこまで法的に認められるかが問題となってきます。アメリカをはじめとする諸外国では、ゲノム情報に基づく雇用や保険加入における差別を禁止する法律があります。日本では、同様の差別禁止法はなく、遺伝子検査を行なう事業者に医療関係者が守らなければならない特別の守秘義務が課されているわけでもありません。

繰り返しになりますが、ゲノム情報は、他の個人情報と異なり、変更することができないものであって、さらに子孫にまで影響を及ぼす個人情報です。他の個人情報のように、本人のその時々の同意のみをもって、ゲノム情報を自由にビジネスで利用して良いとは言うことができないと思います。ゲノム情報が「究極の個人情報」とも言われるのはこのためです。そのため、他の個人情報と同様に扱うのではなく、日本でもゲノム情報の特性に応じた法的規制を検討しなければなりません。

プロファイリングと法規制

ビッグデータをめぐる問題に関しては、個人情報の漏えいが怖いという方が多いかもしれません。確かに大量の個人情報が漏えいする事例はこれまで見てきた通り幾度も起きており、それによる人格的被害のみならず、クレジットカードなどの情報が漏えいすれば財産的被害のおそれもあります。しかし、ビッグデータの分析を行なう企業は一般的には漏えいへの対策をそれなりにとっているのが通常です。また、万一漏えいした個人情報についても、それが悪用されない限りにおいて、個人に実質的な被害をもたらすことはほとんどありません。

むしろビッグデータの時代においてプライバシーへの重大な脅威となるのは、前章でも少し触れた「プロファイリング」です。プロファイリングとは、特定の個人像を評価し、個人の労働力、経済状況、位置情報、健康、選好、信頼性、行動などを分析し、予測する目的で個人データを自動処理すること、とここでは定義しておきます。

すでに予測的警備やゲノム情報の項において紹介しましたが、大量の個人情報が収集されるとその情報分析の結果、あなた自身の一定の個人像が導き出されます。実際に、クレジットカード会社や金融機関は、その人の資産、収入、経済状況、さらに消費状況などを考慮に入れて、ローンを行なうか否かの判断を行います。

プロファイリングの問題点は、本人の知らないところで個人情報を基にその人の人物像が造られ、そしてデータに基づきあなたの判断や評価が行なわれることです。その判断や評価の結果、その人に対する差別や偏見が生じることも否定できません。

今では顔認証カメラの導入により、数万人の観衆がいるサッカースタジアムでも、問題を起こす特定の人物をマークすることが可能となりました。顔認証カメラに登録された人物が、自動処理によって要注意人物と判定され、ブラジルのサッカースタジアムへの入場が拒否された、という話も現実にありました。また、膨大な量の顔写真は、瞬時にＳＮＳなどの公開された個人情報と再識別され、顔認証カメラからその人物があるバーにいても生年月日から趣味などまで判別できてしまうのです。

そのため、プロファイリングについてはＥＵでもアメリカでも法規制があります。ＥＵでは、ＥＵデータ保護規則の中で各人の「プロファイリングに対する異議申し立ての権利」が明文化されました。個人のデータがコンピュータで自動処理され、評価が下されることへ抵抗する権利であるとも言うことができます。二〇一八年五月に予定されているデータ保護規則が施行されて以降は、プロファイリングの権利に違反した事業者には、年間総売上の四パーセントまたは二〇〇〇万ユーロ（約二四億円）以下の制裁金が科される可能性もあります。

アメリカでは、二〇〇〇年六月に連邦取引委員会による連邦議会への「オンライン・プロファイリング報告書」の中で、閲覧履歴などウェブを通じて収集されたデータが統計・消費者心理の観点から極めて詳細に分析されていた事実が指摘されています。アメリカの信用情報について見ても、二〇一二年の連邦取引委員会の調査によれば、クレジットカードなどの信用情報の利用者の約五パーセントに誤りがあり、そのうち一二一人の利用者が信用情報の正確性について異議を申し立てたところ、三七件の主張が認められています（Federal Trade Commission, Report to Congress Under Section 319 of the Fair and Accurate Credit Transactions Act of 2003, January 2015）。異議申し立てをした利用者の約三一パーセントが不正確・不十分なデータに基づきプロファイリングされていたこととなります。

二〇一三年のプライバシーコミッショナー国際会議では「プロファイリングに関する決議」が満場一致で採択されています。このように、ビッグデータの時代において、プライバシーを守るために、プロファイリングの規制の重要性が増しつつあります。日本ではまだプロファイリングに関する規制がないため、企業が悪意をもって個人情報を使えば、個人の負の側面だけをあぶり出すようなビジネスも跋扈《ばっこ》しかねません。

かつて欧州人権裁判所が「個人の私生活に関するデータが単に蓄積されるだけでも、憲法で保障された私生活の保護への干渉となる」と警告しましたが、ビッグデータの時代ではまさにこの警告を真剣に受け止めていく必要があります。

自我像が自分の手によってコントロールされ、造られていた時代から、個人情報の集合体から見知らぬ機械によって造られていくビッグデータ時代に差しかかりつつあることを、私たちは認識しなければなりません。

匿名化という「時限爆弾」

ビッグデータの利活用の推進の議論の中には、匿名化された情報を利用することでリスクを回避することができる、という短絡的な見方があります。確かに、個人情報のいくつかの属性情報を消去することで特定の個人を識別することができない状態にすれば、その個人へのリスクはなくなります。他の情報と照合してもその情報が誰に属するものであるのかがわからなければ、個人情報保護法の規制対象とはなりませんし、自由にその匿名化された情報を使うことができそうです。

しかし、ビッグデータは、当初想定していた利用目的とは異なる形で情報が蓄積され、分析された後に別の利用目的で様々な組織によって二次利用されるのが一般的です。そこで注意しなければならないのが、「再識別化（re-identification）」のリスクです。

すなわち、一見すると特定の個人を識別することができない匿名化された情報であっても、後に別の情報と結び付くことで特定の個人が再識別されてしまうというリスクです。アメリカの連邦取引委員会の報告書でも、匿名化は再識別化を防止するための一時的な「状態」でしかないことが指摘されています（Federal Trade Commission, Protecting Consumer Privacy in an Era of Rapid Change, March 2012)。今日匿名化された情報であっても、明日その情報が再識別化される可能性があることは否定できません。

実際、大量のデータから個人が再識別化された例はすでに存在します。例えば、二〇〇六年八月、アメリカでプロバイダーのＡＯＬが、検索履歴の一覧をユーザーネームとＩＰアドレスを削除した上で、約二〇〇〇万件公表しましたが、他の情報と照合されることで、ある検索履歴がジョージア州在住の特定の人物のものであることが判明しました。この事例は、ＡＯＬの最高技術責任者が辞任に追い込まれるスキャンダルとして報道されました。さらに、ネットフリックスのオンライン映画配信サービスに関して、約一〇〇万人の映画の視聴履歴について、テキサス大学オースティン校の教授が再識別化に成功したことを発表しました（Arvind Narayanan & Vitaly Shmatikov, How to Break Anonymity of the Netflix Prize Dataset, March 2, 2007)。

このように、匿名化と言っても、どこまで元の個人情報の属性を消去すれば良いのかという問題があります。さらに属性を消去した個人情報であっても、将来にわたって他の情報と結び付けば再識別化されてしまうリスクがあるのです。特に母集団が小さい場合や、特徴的な個人情報について匿名化措置を用いる場合は、再識別化が行なわれるのは時間の問題であって、ある種の「時限爆弾」を抱えているようなものであると表現した方が適切かもしれません。

アメリカのホワイトハウスに設置されている大統領の科学技術諮問委員会は、「匿名化は追加的な安全管理措置としては有益だが、短期的将来の再識別化の方法に対抗するには十分ではない。当諮問委員会は匿名化が政策の有益な基盤となるものとは考えていない」という報告書を公表しています（President's Council of Advisors on Science and Technology, Big Data and Privacy: A Technological Perspective, May 2014）。やはり匿名化措置がビッグデータでは非常に不完全な方策でしかない、ということが明確にされています。

第四章であらためて紹介しますが、日本の個人情報保護法にも二〇一五年九月の改正により「匿名加工情報」という新たな概念が導入されました。匿名加工情報を取扱うためには、特定の個人を識別できないよう個人情報などを削除し、復元できない状態にすること、とされていますが、果たして再識別化のリスクをどこまで考慮に入れて復元できない状態にするのか、今後も議論となりそうです。

仮名化データは個人情報

しばしば混同されがちですが、匿名化とは別に「仮名化（pseudonymization）」というものがあります。匿名化は、特定の個人が識別することができない状態にすることを意味します。これに対し、仮名化とは氏名などの代わりに、X―1234といった形で別のIDを使い、ただちに個人を識別することを難しくする状態を意味しています。しかし、仮名化はいつでも元の個人を識別することができますので、一般に個人情報として扱われています。

日本では、二〇一三年七月にJR東日本がSuicaカードの乗車履歴などをビッグデータ分析のため日立製作所に提供したことが大きく問題として取り上げられました。氏名、電話番号、物販情報などの情報を削除し、生年月日を生年月に変換した上、さらに、SuicaID番号を不可逆の異なる番号に変換して提供したことが明らかにされています。ここで異なる番号への変換とは、まさに仮名化を意味しているものと見られます。「不可逆」とはいったいどのような意味なのか明らかではありませんが、日本の個人情報保護法の下では、他の情報とどこまで容易に照合できるかが基準となります。

ここで「容易に照合できる」とは何を意味しているかが問題となりますが、少なくともJR東日本の社内のデータベースなどと照合して、容易に再識別化ができる状態であれば、匿名化ではなく、これは単に仮名化されていたにすぎません。

したがって、JR東日本から日立製作所へ提供されたデータは、匿名化ではなく、個人情報として扱うべき仮名化データであったと見るべきではないかと考えられます。そして、「今後、技術の進展に伴い、特定の個人が識別され新たな問題が生じる可能性も考えられる」ことが指摘されています（Ｓｕｉｃａに関するデータの社外への提供についての有識者会議「Ｓｕｉｃａに関するデータの社外への提供について　中間とりまとめ」二〇一四年二月）。

ビッグデータで肝要なことは、この再識別化のリスクを事前に分析・評価した上で、消費者への開示などの手続を整備し、説明責任を果たすことです。この個人情報保護のプロセスを省略してのビッグデータの利活用は、個人情報の誤った利活用であると見なされてもやむをえません。

このように、ビッグデータの利活用を推進しようとする企業の間でも、匿名化と仮名化の区別や、匿名化・仮名化データのそれぞれのリスクについて、必ずしも十分な理解があったとは言えません。

個人情報の搾取

さて、ビッグデータ、モノのインターネット（ＩｏＴ：Internet of Things　パソコンに限らずインターネットと接続された商品）、さらには人工知能という新たな技術がもたらすプライバシーのリスクには様々なものがあります。

第一に、自らが知らないところで個人情報が収集され、分析され、共有されていることです。プライバシーが侵害されていたとしても、それを知ることができないわけですから、そもそも救済を求めることすらできません。気付いたときには、すでに自分の個人情報が転々と流通していた、という事態も決して稀《まれ》ではありません。

特にビッグデータや監視の場面では、自分のどのような個人情報が誰にいつどこでどのように使われているのかが不透明になるのです。

第二に、ビッグデータでは、個人情報の量や種類が多ければ多いほど、様々な形で個人情報を分析し利用することができます。企業にとって個人情報が新たな財産的価値になると考えれば、他の企業と個人情報を共有して使おうとします。

実際、日本で広く使われているツタヤのTポイントカードの利用者は五〇〇〇万人であり、日本人の三人に一人以上がこのカードを保有しています。Tポイントカードは、従来CDやDVDのレンタルサービスに使われていましたが、現在ではコンビニ、スーパーマーケット、百貨店のみならず、飲食店、ホテル、スポーツ施設でも使われています。消費者にとっては様々なところでポイントサービスを受けられるメリットもありますが、購入履歴から趣味嗜好などに結び付く個人情報が同様に様々なところで収集されることになります。個人情報保護法では、一定の要件の下、個人データの共同利用を認めていますし、また第三者への個人データの提供を行なうことができるため、様々な店舗で共通のポイントサービスが認められているのです。店頭のレジの店員さんから面と向かって「あなたの氏名、住所、電話番号、生年月日、そしてこれまでどんな商品を購入してきたかを教えてください」と言われれば、なんともおかしな話です。しかし、ポイントカードはこのような会話を、カードを使って行なっているのも同然なのです。

近年、EUでは、個人情報を一つの財産的価値と見なして、個人情報を特定の企業に集中させ独占的地位を築くことは、市場における公正な競争を歪《ゆが》める競争法（日本では独占禁止法）上の問題であると考えられるようになっています。

二〇一六年一〇月には、EUのデータ保護監督機関が、EU域内におけるソーシャル・ネットワーキング・サービスのワッツアップがフェイスブックとの間で個人情報の共有を行なう決定をしたことについて、個人情報の共有という利用目的の変更が認められるか否か調査を行なうことを表明しました（Article 29 Working Party, Letter from the Art. 29 WP regarding WhatsApp updated Terms of Service and Privacy Policy, October 27, 2016）。このように、企業の間で個人情報を共有し一元的に管理しようとすることは、市場における個人情報の搾取であると見なされるようになってきています。

アメリカにおいても、商品の評価やコメントを収集していたオンライン広告企業の買収事案において、合併によるオンライン広告業界のビッグデータの統合が参入障壁になることが司法省の見解によって示された事案があります（Department of Justice, Justice Department and Bazaarvoice Inc. Agree on Remedy to Address Bazaarvoice's Illegal Acquisition of PowerReviews, April 24, 2014）。

やはりビッグデータのビジネスにおいても、大量の個人情報を一企業が独占することは、まさに個人情報の搾取と結び付く可能性があり、消費者のプライバシー保護にも負の要素となります。今後、日本でもポイントカードサービスが独占状態にある場合は、ビッグデータの競争促進と消費者のプライバシー保護という観点から同様の問題が生じうるのか注視する必要があります。

モノのインターネット

商品の追跡や食材のトレーサビリティのためのＩＣタグのＲＦＩＤなどは、以前から利用されてきました。近年では、ウェアラブルデバイスと言われる身体に装着するメガネ、腕時計、リストバンド、さらに指輪までもがインターネットと接続できる商品として次々と開発されています。こうした商品は「モノのインターネット」と呼ばれています。

身近なモノがインターネットに接続されていることで、常時個人情報が収集・蓄積され、同時に分析の対象となっています。ここにモノのインターネットがもたらすプライバシーの危険があります。例えば、話題となったグーグルグラスは、センサーが内蔵されたメガネでウェブ検索・写真撮影などができる装置で、不正に個人情報を収集するといったプライバシー侵害が生じるリスクが指摘されました。

二点、注意するべき事項を指摘します。第一に、私たちの日常生活の一部がインターネットに接続され、個人情報が収集され続けていることに多くの利用者が気付いていません。最近の調査では、個人情報を提供する必要があるＩｏＴ家電は無条件で使いたくないと回答した人が四人に一人（二五・四パーセント）にのぼっています（ジャストシステム「〝ＩｏＴ家電〟に関する実態調査」〈二〇一七年二月〉）。ＩｏＴによって、どのような個人情報が収集され、分析されているかを利用者にわかりやすく通知する工夫が必要となります。

第二に、セキュリティの問題です。ある調査（ＨＰ「ＩｏＴセキュリティ調査」）によれば、スマートウォッチの約九〇パーセントが何らかの傍受を受けており、また約七〇パーセントが暗

図表5　最近では、インターネットに接続されたトースターが、好みの文字を指定して焦げ目をつける商品も開発されました。朝食を何時に食べているのか、週に何回パンを食べているのか、そしてどんな文字を指定しているかなどプライバシーと関係する問題も生じます。
（European Data Protection Supervisor より）

号化せずに送信されていることが明らかになっています。レストラン、ショップ、駐車場などにある監視カメラの映像がリアルタイムでインターネット上に流出したことも問題となりました（「読売新聞」「監視カメラ覗き見？　パスワード未設定が原因か」二〇一六年一月二二日）。

日本では独立行政法人情報処理推進機構が、二〇一六年三月に「つながる世界の開発指針」として安全・安心なＩｏＴ製品の実現に向けた一七の開発指針を公表し、ＩｏＴ製品の開発者に考慮すべき事項を示しています。システムを開発する側において、セキュリティに万全を期すため、ウェアラブルデバイスなどで必要以上の個人情報を収集していないかなど、ＩｏＴコンポーネントが収集するセンサーデータや個人情報を洗い出すことが重要となります。

データブローカー

個人情報が自分が選択した商品やサービスだけで利用されていると考えることは、ビッグデータの時代の認識としては誤りです。ビッグデータとは一企業において収集された個人情報ではなく、むしろ複数の企業が異なる利用目的で収集した個人情報を集積し、分析することで成り立っています。繰り返しますが「データの二次利用」がビッグデータの特徴でもあります。

もちろん、個人情報保護の基本原則として利用目的の制限があります。当初の商品やサービスの提供のために本人が同意した個人情報は、その利用目的でのみ使うことができる、という制限です。

ところが、ビッグデータを支えているのはデータ分析会社です。別の言い方をすれば、データブローカーです。日本には古典的な名簿業者がありますが、同窓会名簿などを収集する業者ではなく、ウェブの閲覧履歴や商品の購入履歴、さらにＳＮＳの情報や検索履歴、広告やニュースへのアクセス履歴などを売買している業者です。

アメリカでは、より先鋭化されたデータブローカーが登場しています。例えば、フェイスブックにおける広告の閲覧履歴とアメリカ国内のほとんどすべての世帯の消費支出データとの関係を分析し個人データを売買している業者、約七億九五〇〇万件以上の不動産取引に関するデータを売買している業者、さらにアメリカの消費者のEメールアドレスから、アドレス本人の年齢、性別などの項目をデータとして販売している業者などが報告されています（Federal Trade Commission, Data Brokers : A Call For Transparency and Accountability, May 2014）。

ビッグデータを支えているのは、かつての伝統的な名簿業者から発展していったデータ分析会社です。このデータ分析がどう使われるかによって、経済の成長に結び付く場合もありますし、個人の人生を狂わせてしまうような差別や偏見をもたらすこともあるわけです。アメリカの連邦取引委員会が呼びかけているように、データ分析の透明性を求めるための仕組みが今後重要となってくると思われます。

プライバシーポリシーという「儀式」

個人情報を取扱う事業者は、どのような利用目的で個人情報を扱うかについてプライバシーポリシーを公表することとされています。

例えば、Tポイントカードの利用規約（二〇一五年五月一八日改訂）は、約五八〇〇字ありま す。自分の個人情報がどのように取扱われているかの問い合わせを行なうと、カルチュア・コンビニエンス・クラブが公表している個人情報保護指針を見て、個人情報の開示などの求めに関する手続を読み、指定の届出とともに、手数料（五〇〇—三〇〇〇円）を支払う、という有料の仕組みになっていることがわかります。また、新たなビジネスが始められれば、その都度プライバシーポリシーも変更されます。

実は、他の企業でもほとんど同じような内容のプライバシーポリシーがあり、利用者は自分の個人情報がどのように扱われているかを知るための開示請求には一定額の手数料を支払うこととなっています。現実のところ、多くの場合、自分の個人情報がどのように取扱われているかを知るには時間と手間と費用を要する仕組みになっているのです。

このプライバシーポリシーをめぐる問題は非常に難しいものがあります。第一に、企業としては個人情報をどのように取扱っているかについて透明性を高める義務があるため、利用目的をはじめ、安全管理措置や開示などの手続を、ある程度詳細に記さなければなりません。

しかし、プライバシーポリシーは詳細であるほど、長文になってしまいます。同時に、個人情報をめぐるトラブルを未然に防止するためにも、法律用語や専門用語が多く使われています。

そのため、プライバシーポリシーは長文な上に難解な文章となってしまいます。

自分が使っているサービスや商品のプライバシーポリシーを例外なくすべて熟読されている方は非常に少ないと思います。実際、アメリカのある調査によれば、一般的な個人が利用するサービスにおけるプライバシーポリシーをすべて読むとなると年間で約二四四時間、約三〇日分の労働時間を要するという結果が示されました（Aleecia M. McDonald and Lorrie Faith Cranor, The Cost of Reading Privacy Policies, *A Journal of Law and Policy for the Information Society*, 2008）。

消費者庁の調査によれば、日本でプライバシーポリシーを策定・公表している事業者は六一・三パーセントでした（二〇一二年三月）。約四割の企業は消費者に個人情報をどのように取扱っているか示していないわけですから、十分な取り組みであるとは言えません。

そこで、近年、プライバシーポリシーをわかりやすく表示する工夫も行なわれています。経済産業省が、「『分かり易さに関する手法・アプローチ』に係るベストプラクティス集」（二〇一四年三月）を公表し、

（1）提供するサービスの概要

（2）取得するパーソナルデータと取得の方法

(3) パーソナルデータの利用目的
(4) パーソナルデータやパーソナルデータを加工したデータの第三者への提供の有無及び提供先
(5) 消費者によるパーソナルデータの提供の停止・訂正の可否及びその方法
(6) 問合せ先
(7) 保存期間、廃棄

以上の七項目をわかりやすく示している企業の事例を提示しています。商品やサービスに対する消費者や利用者の信頼を得るためにも、プライバシーポリシーの充実は重要です。

しかし、プライバシーポリシーへの同意をクリックしたから、企業はビッグデータのために個人情報を好きなように取扱うことができる、と考えることには問題があるように思われます。消費者の利益を一方的に害するような内容がプライバシーポリシーに含まれていれば、消費者契約法などによって無効とされる可能性もあります。プライバシーポリシーへの同意のクリックという「儀式」によって、あらゆる場合に利用者や消費者の真正な同意があったと見るべきではありません。むしろプライバシーポリシーは、個人情報を取扱う行政や事業者の透明性と

図表6　EUでは「私のデータは私の選択」というスローガンの下、データポータビリティ権が紹介されています。
（欧州議会 The Greens/ European Free Alliance ウェブサイトより）

説明責任を高めるものとして改良を重ねていくことが求められているように思われます。

複数ネットサービス間のデータポータビリティ権

消費者がプライバシーポリシーを熟読し、自らの個人情報を知るためだけに、時間と手間と費用を割くことは稀なことだと考えられます。

そこで、EUでは、消費者には自らの個人情報をすべて一括して、ある事業者から別の事業者に持ち運ぶことを権利として認める、という「データポータビリティ権」（EUデータ保護規則第二〇条）が新たに創設されました。

データの持ち運びは、「体系的で、一般に利用され、かつ機械で読み取り可能な形式」で行なうことが可能とされています。例えば、グーグルのGmailの利用者が、ヤフーメールやマイクロソフトのホットメールに変わりたい、と思えば、グーグルに対しこれまでの自らに関するメールを一括してヤフーかマイクロソフトのメールへと持ち運ぶことが可能となります。

自らの個人データにアクセスし、訂正し、消去する権利を超えて、さらに自らのデータを持ち運び、再利用することができる、となれば、ビッグデータの時代においても、消費者の武器となりそうです。運用面での課題は残されていますが、アメリカをはじめEU以外の国でもこの権利の意義について検討が始まっています。

ちなみに、データポータビリティ権は、携帯電話の番号の持ち運びと同様に、個人情報を取扱う事業者間における競争促進にもつながる権利であると理解されています。

消費者にデータポータビリティ権を付与することで、プライバシーポリシーに伴う様々な困難を克服しよう、という動きにも今後関心が集まりそうです。

ウェブサイト閲覧履歴の収集を禁じるEUのクッキー法

仮に消費者がプライバシーポリシーをすべて読むことができても、それに同意をしなければ、サービスを受けることができない、という問題があります。利用者はサービスを受けるためには、個人情報の提供の同意ボタンをクリックしなくてはならないのです。ウェブでショッピングのために氏名や住所などの個人情報を入力するのはやむをえません。しかし、ウェブページの閲覧という程度のことであれば、個人情報を提供しないと絶対にサービスは提供できない、といったものではありません。

このような中、利用者の同意を強力に保護しようとするのがEUです。EUではインターネット上の利用者の閲覧履歴を蓄積し、チェックするためのクッキーについて、二〇〇九年に改正された電子プライバシー指令（いわゆる「クッキー法」）において、EU域内のインターネットウェブサイトに事前の同意を義務付けました。

これにより、オプトイン方式の事前の同意がない限り、ウェブ管理者はウェブサイトの閲覧履歴を収集することが禁じられています。逆に、クッキーの同意がなくても、ウェブページを閲覧することは可能となっています。EUの事業者からは強い反発もありましたが、現在では利用者の事前の同意のクリックボタンが多くのサイトで導入されています。オランダの放送関係のNPO法人やスペインのオンライン宝石店などがこれまで利用者に閲覧履歴の収集についての通知や利用者の同意のクリックボタンを表示しなかったことなどを理由に制裁金を科されてきました。ちなみに、EUでは、電子プライバシー指令をさらに強化するための法改正案が二〇一七年一月に公表され、今後、インターネットの閲覧履歴の収集はいっそう厳しくなることが予想されます。

アメリカにおける閲覧履歴の追跡禁止

ＥＵのオプトイン方式による厳格なクッキー対策に対し、アメリカでは自主規制によるオプトアウト方式による「追跡禁止（Do-Not-track）」という仕組みが採られてきました。

あくまで自主規制であるものの、例えばアップル社の iPhone やマイクロソフトの Windows などでは、インターネットのウェブページの閲覧履歴で事業者が追跡を行なわないよう設定をすることが可能となっています。カリフォルニア州では、オンラインプライバシー保護法を改正し、州内の事業者に追跡禁止の表示を行なうことを義務付けるなどの措置を行なっている例もあります。

この追跡禁止は、かつて連邦取引委員会が、事業者が電話勧誘を希望しない者のリストへの電話勧誘を行なうことを禁止した Do-Not-Call Registry をモデルにしたものです。

アメリカのサイトでは、同時に一〇〇以上もの追跡ツールが起動している例や、主要な五〇のウェブサイトに三一八〇もの追跡ファイルが埋め込まれていたことも指摘されています

(Sites Feed Personal Details To New Tracking Industry, *Wall Street Journal*, July 30, 2010)。二〇一二年八月には、グーグル社に対して、インターネット閲覧サイトで追跡クッキーを用いて広告配信をしていたことを不公正または欺瞞《ぎまん》的な行為と見なし、連邦取引委員会が二二五〇万ドル（約二五億円）の制裁金を科しました。

囚《とら》われの聴衆——閲覧履歴情報の収集と追跡に制限のない日本

一方、日本では、インターネット事業者の閲覧履歴の収集について、アメリカのようにオプトアウト方式による追跡禁止も、またEUのようにオプトイン方式による同意原則もありません。一定の自主規制があるとしても、日本ではウェブの閲覧履歴をほぼ好き放題に収集し利用することができる状態です。

あるアダルトサイトはクッキーを通じて四二のサービスに情報を送信していたことが明らかになっています（『ビッグデータの罠』岡嶋裕史著、新潮選書、二〇一四年、七五頁）。クッキーを通じて、広告会社やデータ分析会社には、アダルトサイトを閲覧していたことがしっかりと報告されています。このようなクッキーによるインターネット上の追跡行為は多くの人が気付いていないところで行われており、日本でも隠れたプライバシーへの脅威として検討するべきでしょう。

今のところは実際に閲覧したウェブページのおすすめの広告が表示される程度の話ですので、さして問題はないと考える人は多いでしょう。しかし、日本の利用者は、一度閲覧したページの広告がいつまでも表示される、ある種の「囚われの聴衆」としてインターネット環境に置かれてしまっているのです。このようなそれぞれの人の閲覧履歴に基づくインターネットの広告配信は、EUであればオプトインがない限り違法ですし、アメリカであれば追跡禁止の原則を遵守していない、ということになります。


かつて日本でプライバシー権の研究を行ない、後に最高裁判事としてプライバシー権を擁護した伊藤正己裁判官が、次のようなことを判決で述べていたことが思い出されます。

「人は、法律の規定をまつまでもなく、日常生活において見たくないものを見ず、聞きたくないものを聞かない自由を本来有しているとされる。私は、個人が他者から自己の欲しない刺戟によって心の静穏を乱されない利益を有しており、これを広い意味でのプライバシーと呼ぶことができると考えており、聞きたくない音を聞かされることは、このような心の静穏を侵害することになると考えている」（一九八八年一二月二〇日）

通信履歴とデータの保全

インターネットの通信履歴の問題は、収集の段階だけに留まりません。ひとたび収集されたインターネットの通信履歴は事後的に、サイバー犯罪やテロ捜査のための証拠にも使うことができます。

イギリスがＥＵ離脱の際、理由の一つに掲げていたのが、ＥＵのデータ保全の法制度、つまりテロ対策のためのインターネットなどの通信履歴の保全に関する法制度でした。イギリスは、アメリカの監視活動に積極的に協力してきたため、インターネットの通信履歴の監視をＥＵの中でも例外的に行なってきました。イギリスには、インターネット事業者に一二カ月間の通信履歴の保存を義務付け、捜査機関に令状なしでその履歴へのアクセスを認めた「覗き見の憲章」とすら呼ばれた二〇一六年一一月成立の捜査権限法があり、問題とされてきました。

それに対して、ＥＵ司法裁判所は、二〇一六年一二月二一日、捜査権限法が施行される前の従来から認められてきた、イギリスの無差別なインターネットの通信履歴の監視活動を認める法律が、ＥＵ基本権憲章で保障されるプライバシー権と個人データ保護権に違反するという判決（CJEU, C-698/15 Secretary of State for the Home Department v. Tom Watson and Others）を下しました。

ＥＵ司法裁判所では、インターネットの通信履歴を無差別に保全させることで重大な犯罪の抑止につながったという客観的な証拠が示されていないことが問題とされています。つまり、対象を定めずに無差別に通信履歴を保全すれば、テロの脅威がなくなるという関連性が示されていないのです。

次に、重大な犯罪の捜査に限り、厳格な要件の下で特定の対象者に限った通信履歴の保全が認められた場合でも、捜査機関により濫用されないよう、加盟国の個人データ保護監督機関によるそのデータへのアクセスが認められ、事前のチェックが行なわれなければならないことが示されました。

いずれの要件も満たしていないイギリスの従来のデータ保全法は、その必要性が客観的証拠に基づいて示されていないこと、さらに、捜査機関による濫用防止の措置と被害者の救済制度がないことから、プライバシー権を侵害するものであるとされたのです。最終的には、ＥＵ司法裁判所の判決を受けて、イギリス国内の裁判所でこの法律の適法性が判断されることとなります。ちなみに、同日にスウェーデンのデータ保全法もプライバシー権の侵害になるとＥＵ司法裁判所によって判断されています。

この判決は、ＥＵ全土におけるインターネットの通信履歴の保全を六カ月から二年以内と義務付けたEUデータ保全指令を全面無効とした二〇一四年四月の判決と、ほぼ同趣旨のものでした。しかし、二〇一六年判決では、さらに一歩推し進め、仮に重大な犯罪対策のための通信履歴の保全を義務付ける場合は、その範囲と期間を厳格に限定するのみならず、個人データ保護監督機関による事前のチェックを受けることの他、EU域内にデータベースセンターを設置することを条件とすることまで示した点で注目されます。EUでは、二〇一三年のスノーデン事件の反省の上に立ち、インターネットの監視活動に対するプライバシー保護の重要性を一貫して喚起し続けています。

これに対し、日本では、インターネット接続サービスにおける接続認証ログ（利用者を認証し、インターネット接続に必要となるIPアドレスを割り当てた記録）の保存については、六カ月程度の保存が認められ、必要に応じ一年程度の保存ができることが、二〇一五年の総務省のガイドライン改正で認められるようになりました（総務省「電気通信事業における個人情報保護に関するガイドライン」第二三条解説）。

日本ではあくまでガイドラインですが、EUの基準では違反となる接続認証ログの保全が認められるようになりました。通信の秘密とも関連するセンシティブな問題であり、接続認証ログの保存はインターネット通信事業者には大きなコストを強いる問題ともなってきます。ガイドライン改正の過程でも、事業者からは、対象者を限定せず無差別に接続認証ログを六カ月程度保存という一律の基準を設けることが果たして適当かどうか疑義が提示されました。今後、日本でも、利用者のプライバシー保護やインターネット事業者の通信の秘密の観点から、通信履歴の保全の範囲と期間、そして運用をめぐり同様の問題が生じないか注目していくべきです。

個人情報利用に対する同意の意義と限界

ビッグデータの時代においては、企業にとって個人情報は、取引の対象としてのある種の財産や商品かもしれません。自らの個人情報を提供する代わりに、その見返りとしてより合理的な選択肢を提供してもらったり、ポイントサービスを利用させてもらうことができるのかもしれません。

しかし、ここまで本書を読み進んできた人なら、このような取引の前提には、本人の真正な同意が条件とされるべきであるとおわかりでしょう。その意味において、自らの選択によって、個人情報を提供することは、従来プライバシー権として主張されてきた「自己情報コントロール権」、すなわち、個人が自己に関する情報を、いつ、どのように、また、どの程度他人に伝えるかを自ら決定できる権利とも整合的であると考えられます。

確かに、ビッグデータの時代においても、本人の同意は重要な要素です。ＥＵデータ保護規則では、本人の同意の意義を特に強調し、その同意は、特定された範囲についてあらかじめ通知を受けた上での自由な意思に基づく明確な意思表示でなければならず、本人の積極的意思を意味しています。黙示の同意や何らかのサービスと引き換えに行なうような同意は自由な意思表示であるとは見なされていません。

国際会議の場でアメリカとＥＵの専門家が同じパネルでデータ保護の問題について討論すると、決まり事であるかのように同意の意義と限界について議論になります。ＥＵの論者は同意がデータ保護の核心をなしていると主張するのに対し、アメリカの論者は同意が現実にはプライバシーポリシーを読まない、クリックボタンを押すだけの儀式にすぎないと反論します。

このような同意に関する対照的な姿勢が、アメリカにおけるオプトアウト方式、ＥＵにおけるオプトイン方式という法制度の違いにも表れてきます。それが具体的にはアメリカにおける追跡禁止の原則であり、ＥＵにおけるクッキー法なのです。

同意の意義と限界については、興味深い調査結果があります。臓器移植に関して、事前の同意がない限り臓器の移植ができないというオプトイン方式にすると、ほとんどの国ではこれに賛同しません（四・二五―二七・五パーセント）。しかし、本人が申し出た場合のみ、臓器移植を

図表7　臓器移植のヨーロッパにおける事前の同意がある場合と事後的な同意の撤回がある場合との違いについて

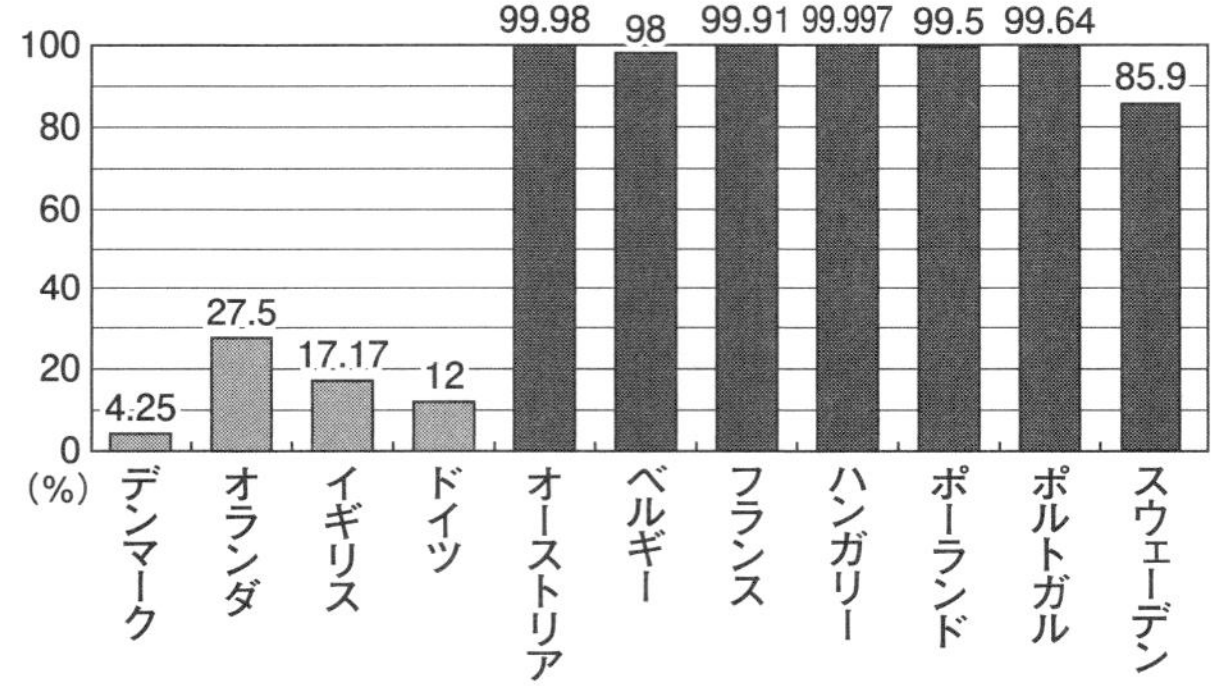

薄色（デンマーク、オランダ、イギリス、ドイツ）はオプトイン、濃色（オーストリア、ベルギー、フランス、ハンガリー、ポーランド、ポルトガル、スウェーデン）はオプトアウト。
(Eric Johnson & Daniel Goldstein, Defaults and Donation Decisions, 78 *Transplantation* 12〈2004〉.より)

行なわないとするオプトアウト方式を用いると、多くの人たちが臓器移植に応じるようになっています（八五・九―九九・九九七パーセント、上図参照）。自分の身体のことですら、人々の判断は制度に大きく左右されているとなれば、自分の個人情報についてはなおさら、熟慮の上で判断しているとは言えないと考えられます。

　アメリカのプライバシー法の第一人者であるダニエル・ソロブ教授は、インターネットの世界でのクリックによる同意の儀式はすべて表面的なお遊びである、と批判しました（Daniel J. Solove, Privacy Self-Management and the Consent Dilemma,

126 Harvard Law Review, 1880, 2013）。インターネットの世界で、取扱いについて同意した自らのすべての個人情報がいつ、どのように、誰に管理されているかを知っている人はいないでしょう。その意味で、同意に基づくプライバシー保護には限界があると考えられるようになってきています。

もちろん、同意が本人の個人情報の管理の前提としての重要な要素であることに変わりはありません。しかし、自ら決定する前提となる同意には特に揺らぎが見られるのです。

リスク評価によるプライバシー侵害の防止

ビッグデータの時代には、個人情報がいつ、どのように、また、どの程度他人に伝えられているかをすべて管理することは困難になっています。本人の同意のみならず、リスク評価によるプライバシー侵害を防止する手法が日本では近年有力視されてきています。

わかりやすく説明すると、個人のプライバシーにリスクをもたらす可能性がある情報かどうかに応じて保護の仕方を変更するというものです。企業にとって、単純な個人情報から病歴や信用情報といったセンシティブな情報まで、すべての個人情報を区別することなく一律に保護することは負担となります。そのため、リスクに応じて、保護の段階を区別することが合理的であると考えられるようになっているのです。

それでは個人のプライバシーにリスクをもたらす可能性のある情報は、どのように扱われるのでしょうか。

例えば、マイナンバー制度においては、自治体など特定個人情報を取扱う組織に対し、事前のプライバシー影響評価の実施を義務付けています。対象となるマイナンバー、その使用目的・方法、安全管理措置などを評価書にチェックし、国民・住民に対し透明性を担保することが目的とされています。具体的には、自治体であればマイナンバーを取扱う職員数、情報提供や移転の有無、保管や消去の方法、過去一年以内に重大事故が発生したか、などがチェック項目として掲げられています。

さらに、日本において特徴的なものが認証制度です。個人情報保護の一定水準を確保している企業に対し認証を付与しています。代表的なものとして、「プライバシーマーク」があり、日本情報経済社会推進協会は、書類審査と現地審査などを経て、事業者が個人情報の取扱いを適切に行なう体制などを整備しているかどうかを審査・認定しています。プライバシーマークを付与されている事業者数は一万五〇〇〇社を超えています（二〇一七年二月現在）。この認証制度は、リスクの評価と管理に関するプログラムであると見ることもできます。

このような認証制度は、グローバル企業にとっては、国境を越えた規範ないし基準としてのある種の「ソフトロー（法的強制力を持たない社会的規範）」としての役目を果たしています。というのも、各国が制定する法律（クッキー法など）に基づく制裁としての強制力を伴う「ハードロー」については、主権の壁がありますが、認証のような「ソフトロー」はグローバルに運用することが可能です。実際、アジア太平洋経済協力会議（APEC）では、認証制度を用いて、国境を越えた個人データの移転の取り組みを推進するなどしてきており、個人情報利用に対する同意の限界に対するオルタナティブな対策として、今後、日本のリスク評価と管理方法としての認証制度についても関心が高まりそうです。

ビッグデータ時代のプライバシー

プライバシーは「カメレオン」のような存在であって、状況に応じて身体の色を自由に変えることができると言われます（Jerry Kang, Information Privacy in Cyberspace Transactions, 50 *Stanford Law Review*, 1193,〈1998〉）。では、どのような場合に、なぜプライバシーが侵害されたと言えるのでしょうか。

ビッグデータの時代には、プライバシーを固定的概念として捉《とら》えるよりも、個別の事例を積み重ねる過程でプライバシーの輪郭を描写しつつ、その核心部分を明らかにすることが益々求められているのかもしれません。冒頭で述べた通り、本書がプライバシーの定義からではなく、「プライバシーはなぜ守られなければならないのか」という問いに対して考察を重ねていく方法を採っている理由の一つがここにあります。プライバシーの定義のためには、プライバシー侵害のステージをまず明らかにする必要があるわけです。

先ほど紹介したアメリカの著名なプライバシー法研究者ダニエル・ソロブ教授の一六の類型にそって、プライバシー侵害のステージをまとめてみます（Daniel J. Solove, Understanding Privacy〈2008〉at10-11）。

第一は、個人情報の「収集」の段階です。具体的には、①監視や②尋問によって、プライバシーは侵害される可能性があります。

第二に、個人情報の「処理」の段階があります。具体的には、個人情報の③集積、④識別、⑤安全管理、⑥二次利用、⑦本人への通知をしない排除によって、プライバシーが侵害されるおそれがあります。

第三に、個人情報の「流通」の段階です。具体的には、⑧信頼義務違反、⑨開示、⑩漏えい、⑪アクセス、⑫無断利用、⑬盗用、⑭情報内容の変更によって、プライバシー侵害が発生します。

第四に、個人情報の「侵害」の段階です。具体的には、⑮データベースへの侵入、⑯個人の決定への干渉によって、プライバシーへの害悪がもたらされます。

このように、プライバシーが侵害される場面ごとに検討することで、どのような場合に侵害のリスクがあるかをあらかじめ分析・評価し、そのリスクを管理することがビッグデータの時代では重要となってきます。

従来、プライバシーの侵害問題に関しては、収集の段階にばかり注目が集まってきたように思われます。しかし、ビッグデータの時代では、プライバシーの侵害は、処理、流通、侵害のそれぞれの段階で生じるリスクの方が高いとも考えられます。プライバシー侵害のリスクを複層的に事前にチェックし、リスクとベネフィット（恩恵）の比較衡量に基づき、制度設計を考え、個人情報を取扱っていくことが大切となります。

第三章　プライバシーをめぐるアメリカとヨーロッパの衝突

「忘れられる権利」

人は忘れます。しかし、インターネットは忘れません。

そのため、インターネットの世界で、ひとたび拡散された個人情報が忘れられるための権利を承認する必要性が検討されてきました。

この「忘れられる権利」を主導してきたのは、EUです。EUでは、二〇一二年一月二五日に公表したデータ保護規則案の中で「忘れられる権利（right to be forgotten)」を法的権利として明文化し、この案は二〇一六年四月の欧州議会で「削除権（忘れられる権利)」として可決されました。

当初「忘れられる権利」は、フランスの立法審議の過程においてその必要性が論じられてきました。その後、EU市民のうち七五パーセントの者が、自らが希望すればいつでも自らの個人データを消去できることを希望しているという調査も公表されました。

「忘れられる権利」は、「自我への権利」ないし「アイデンティティへの権利」としての性格を有すると考えられてきました。忘れたい過去が常にインターネット上に残されたままでは、特定の個人に関する情報によって、自らの自由な人格形成や未来志向型の生き方に影響を及ぼしてしまいます。

ひとたびインターネット上に拡散された個人情報を削除することが本当に可能かどうかをめぐっては、ＥＵ域内でも様々な議論がありました。

一九九五年に成立したＥＵデータ保護指令の中にも個人情報の削除を認める「削除権」はありました。しかし、この削除権とは別に、インターネット上に拡散された「リンク、コピーまたは複製の削除」としての「忘れられる権利」が規定されることとなりました。

その一方で、「忘れられる権利」は、インターネット上に拡散された自由な情報流通への脅威となり、不都合な情報隠しとして「検閲」に利用されるのではないか、という懸念がありました。ですから、「忘れられる権利」は歴史の完全な消去の権利ではないとされ、公益目的の場合や歴史研究などはこの権利の対象外となっています。

さらに、インターネット上に拡散された個人情報を回収することはほぼ不可能であり、現実としてどのように「忘れられる権利」を運用するかについても議論になりました。ひとたび個人情報がインターネット上に流通すると、個々の掲示板やＳＮＳに削除を求めるのは現実的ではありません。そのため、条文の起草過程では、インターネットサービスを提供する企業に対象となる個人情報にフィルターをかけるよう要請し、例えば検索エンジンの結果で表示されないようにするなどの措置が現実的であると指摘されました。

こうして、「忘れられる権利」は、ＥＵではデータ保護規則第一七条の条文の中で、「自らに関する個人データを管理者に対し遅滞なく削除させる権利」として明確に認められることとなりました。そして、「個人データを管理している者は遅滞なく個人データを削除する義務を負う」こととなります。もしも個人データの管理者が「忘れられる権利」に違反すると、全世界の年間総売上の四パーセントまたは二〇〇〇万ユーロ（約二四億円）以下の制裁金が科されることとなります。

グーグル・スペイン判決

ＥＵにおいて、「忘れられる権利」の法制化に向けた審議が進む中、ＥＵ司法裁判所は二〇一四年五月一三日、この権利を実質的に容認する判決を下しました。

スペインに在住する男性が社会保障費を滞納し続けたため、自宅が競売にかけられたという記事が一九九八年一月と三月に地元の新聞に掲載されました。後に電子化されたこの記事が、一〇年以上を経過しても検索エンジングーグルの検索結果で表示され続けたため、男性は新聞社とグーグルに対し情報の削除を求めました。

スペインの個人データ保護監督機関は、新聞記事の削除は認めませんでしたが、グーグルの検索結果の削除を命じました。これを不服としたグーグルがスペインの裁判所に提訴し、その後EU司法裁判所に係争されました。

　EU司法裁判所は、この男性の主張を認め、グーグルの検索結果の削除を命じました。判決の中では、男性側が主張する「忘れられる権利」という言葉を用いて、「収集または処理の目的との関係において、また時の経過に照らして、不適切で、無関係もしくはもはや関連性が失われ、または過度であると見なされる場合」において個人データの検索結果の削除が可能であるとしました。

　判決では、個人のプライバシー権とデータ保護の権利は、検索エンジン事業者の経済的利益や市民の情報へアクセスする利益よりも優越することを認めています。「忘れられる権利」と情報アクセスの利益とのバランスについては、①問題とされている情報の性質、②私生活の機微性、③その情報がもたらす公共の利益を、考慮事項として列挙しました。なお、政治家などの公人に対して「忘れられる権利」が認められるわけではないことも言及されました。本件では、一般私人の一六年前の私生活に関する情報であり、もはや検索結果で表示する必要がない、と判断されました。

また、判決の中では、検索エンジン事業者に対する法的責任について興味深いことを述べています。検索エンジンはこの男性の個人情報を造り出したわけではなく、単に情報を拡散しているだけですが、それでも法的責任を負うべきであるとしました。「個人データの全面的な拡散の決定的な役割」を果たしているため、私人のプライバシー侵害に「追加的」役割を果たしていると見なされたのです。つまり、本来であれば人の記憶から忘れられていた情報を、氏名の検索によって検索エンジンがインターネットで拡散させたことが、男性のプライバシー権と個人データ保護権を侵害していると見たわけです。

法律論として、検索エンジン事業者など情報の媒介者にどのような法的責任があるかについては論争のあるところです。しかし、EU司法裁判所は、プライバシー権と個人データ保護権というEUの基本権憲章で定められた人権を保障するため、情報の媒介者である検索エンジン事業者にも一定の法的責任を課したと見ることができます。

グーグル・スペイン判決の後

この判決後、グーグルは削除フォームを設け、EU域内の住民から検索結果における個人情報の削除を受け付けてきました。二〇一七年二月までに、一九〇万のURLを対象に六八万件以上の削除要請が寄せられています。そしてそのうち約四三パーセントの削除をしています。実際に削除を認めた約八二万件ものＵＲＬが、個人のプライバシーを侵害する検索結果であったことを意味しています。

ＥＵ司法裁判所の判決の後、いくつか残された課題がありました。まず、検索結果の個人情報が「不適切で、無関係もしくはもはや関連性が失われ、または過度である」とはいったいどのようなものなのか問題となりました。グーグルのプライバシーカウンシルのピーター・フライシャー氏と二〇一五年六月に国際会議の場で筆者が話をした際に、社内の弁護士数十人を集めて一件一件のＵＲＬをチェックして削除の可否を検討しているが、非常に難しい判断が迫られるものもある、と言っていました（「朝日新聞」二〇一六年八月二四日参照）。

次に問題となったのは、削除の対象でした。グーグルのようにグローバルに検索サービスを提供している場合、情報を非表示にする効果が問題となります。ＥＵ在住の市民は、ＥＵのＩＰアドレスからグーグルにアクセスした場合にのみ情報にフィルターがかかるのか、あるいはＥＵドメイン（例えば、スペインであればgoogle.co.es）における情報のフィルターなのか、さらに、ＥＵの市民はグーグルのＥＵ域外のドメイン（例えば、日本であればgoogle.co.jpやアメリカであればgoogle.com）も閲覧することができるため、グローバルなフィルターをかけるべきな

欧州のプライバシーに基づく検索結果の削除リクエスト
2014 年 5 月の欧州連合司法裁判所の判決（Google Spain 対 AEPD および Mario Costeja González）で、個人の名前を含む検索キーワードによる検索結果の削除を Google などの検索エンジンに求める権利が特定のユーザーにあることが認められました。同裁判所の判断によれば、検索エンジンは個人から寄せられた削除リクエストを個々に評価しなければならず、公益に資する場合にのみそれらの結果の表示を継続できます。削除リクエストの手続きや、ここで公開しているデータの詳細については、よくある質問をご覧ください。
URL 削除リクエストの総数
下のグラフは、Google で確認し処理した URL の割合に関するデータを示しています。右側の数字は、Google が受け取ったリクエストの総数に基づいています。これらのデータは Google が公式にリクエストの処理を開始した 2014 年 5 月 29 日からのものです。
43.2%
56.8%
Google が削除のために評価した URL の総数: 1,900,803
Google が受け取ったリクエストの総数: 686,743 件
削除された URL
削除されなかった URL
すべて
FR
DE
GB
ES
IT
その他の国

図表8　グーグルは検索結果の削除フォームがあり、削除の依頼を受け付けています。ＵＲＬ削除リクエストの総数は「グーグル透明性レポート」より（2017年２月９日時点）

のかが問題となりました。

ＥＵの個人データ保護監督機関から構成される第二九条作業部会は、二〇一四年一一月に「忘れられる権利」に関するガイドラインを公表しました。このガイドラインによれば、検索エンジン事業者は、一三項目からなる削除基準に照らして、削除要請の可否を判断することとされています。

また、削除の効果については、ＥＵ以外のドメインにおいても削除すること、

図表9　「忘れられる権利」に関するガイドラインの削除基準

①検索結果は自然人に関するものであるか？（仮名化データやニックネームも関連用語として含まれる）
②データ主体は公人か？（公人の基準については、政治家など、民主社会において討議に参与できる立場の者と、そのような権能を持たない個人の私生活の詳細とを区別して判断する）
③データ主体は未成年者であるか？（18歳未満の者のデータであれば削除されやすい）
④データは正確であるか？（事実に関する情報と、意見との違い）
⑤データは関連性があり、過度なものではないか？（データの時間的経過、私生活と仕事の区別、違法な表現、事実と意見との違い）
⑥情報は指令第8条が規定するセンシティブなものであるか？（センシティブデータは私生活に大きな影響を及ぼす）
⑦データは最新のものであるか？ 利用目的以上に長期間に利用されているか？（合理的に判断して現在の情報と言えるか）
⑧データ処理はデータ主体に偏見をもたらすものであるか？（偏見をもたらす証拠があれば削除されやすい）
⑨検索結果のリンクがデータ主体に危険をもたらすものであるか？（ID盗難やストーカーなどのリスクがあるか）
⑩どのような経緯で公表された情報であるか？（同意の自発性、公表されることに対する同意、公表に関する同意の撤回）
⑪オリジナルのコンテンツが報道目的で公表されたものであるか？（メディアによる公表の法的根拠がある場合とそうでない場合との区別）
⑫公表者が個人データの公表に法的権限を有しているか？（選挙登録などの法的義務があって公表する場合）
⑬データは前科に関係しているか？（前科情報の取扱いについては各加盟国で異なるアプローチ）

とされています。そのため、EU司法裁判所の判決は、EUのみの問題ではなく、日本やアメリカを含む世界中のドメインについても削除の効果が発生することとなります。

国境のないインターネットの世界では、EUで発祥した「忘れられる権利」がEU以外の国々でも検討を迫られることとなりました。

アメリカの抵抗——表現の自由

EU司法裁判所のこの判決に対し、すぐに批判が見られたのはアメリカでした。判決の翌日には、「ワシントンポスト」の一面で「EUの判決はウェブを汚すものである」(Ruling in E.U. May Roil the Web, *Washington Post*, May 14, 2014)、そして「ニューヨークタイムズ」の一面では「EUの判決はアメリカでは第一修正［表現の自由］と衝突する」(European Court Lets Users Erase Records on Web, *New York Times*, May 14, 2014) と紹介されています。

アメリカのインターネット法の専門家であるジョナサン・ジットレイン教授は、「検閲の一形態であって、合衆国で同様のことが行なわれれば、憲法違反となるだろう」(Jonathan Zittrain, Don't Force Google to 'Forget,' *New York Times*, May 15, 2014) とEU司法裁判所の判決を批判しています。アメリカの有名な司法担当記者は、「ヨーロッパでは、プライバシー権が言論の自由に優先される。アメリカでは逆の結論になるのが正しい」(Jeffry Toobin, The Solace of Oblivion, *The New Yorker*, September 29, 2014) とも指摘しています。

このように、ＥＵ司法裁判所の判決やＥＵにおける「忘れられる権利」の法制化の動きに一貫して反対の態度を示してきたのがアメリカでした。アメリカの表現の自由の伝統の下では、「真実に基づく情報」の公表が強力に保障されてきました。

例えば、ＥＵ司法裁判所の判決以降、グーグルが実際に削除を受け付けた例として、「レイプ事件の被害者から、その事件に関する新聞記事へのリンクを削除するようリクエストがありました。被害者の名前による検索結果からこのページを削除しました（ドイツ）」というケースがあります。

しかし、アメリカではこのようにレイプの被害者名であっても、その情報が真実であれば、情報の削除は認められません。実際の事件を見てみると、レイプの被害者名を捜査機関から適法に入手した新聞社が実名公表したため、被害にあった女性はこの公表の違法性を主張しました。一九八九年のアメリカ連邦最高裁の Florida Star v. BJF 判決は、真実に基づく情報を公表することが表現の自由として保障されるとして、新聞社の実名公表を容認しました。この判決以降、真実の情報とプライバシーの利益が衝突する場合には、アメリカでは一部の例外を除き、ほぼすべての事案で表現の自由がプライバシー権よりも優先されてきました。

　確かに、カリフォルニア州ではソーシャル・ネットワーキング・サービスにおける未成年者の投稿で自らの個人情報の削除を認める州法や、ジョージア州ではレイプの被害者を公表することを禁止する州法なども見られます。しかし、これらの州法については「真実に基づく情報」の公表という、表現の自由への侵害であるという根強い反対意見や、さらに、連邦制の下では他州における情報の公表まで禁止することはできないといった、プライバシー保護の効果を薄れさせるための意見が出されてきました。

　さらに、アメリカでは、検索エンジン事業者の免責規定があります。通信品位法二三〇条では、双方向コンピュータサービスの提供者は情報の「発行者」とは見なされません。情報を新たに「発行」していない以上、責任が免除されるわけです。情報流通を表現の自由として手厚く保障するアメリカ法の特徴です。

　これを書籍のケースを借りて説明するならば、書店は、情報の「発行者」ではなく、単なる情報流通のための「配布者」にすぎません。店頭に性表現や著作権侵害の書籍があったとしても、その責任を負うのは書店ではありません。この論理がインターネットの世界でも当てはまります。

情報の送り手と受け手をつなぐプラットフォームは、情報の「発行者」ではなく、単なる「配布者」であると見なされます。検索エンジンもまた、プライバシー侵害の情報を自ら造り出した「発行者」ではなく、情報にアクセスしやすくするための「配布者」としての役割を果たしており、オリジナルの情報について責任を負いません。

ＥＵ司法裁判所は、検索エンジン事業者がプライバシー侵害の情報を全面的に拡散する「追加的」役割に着目して責任を課したのに対し、アメリカでは、検索エンジン事業者は情報の単なる「配布者」であって情報拡散の責任を問われません。

アメリカのある研究者は、次のような言葉で、「忘れられる権利」がアメリカとヨーロッパの基本的なプライバシー文化の違いを映し出していると述べています。

「アメリカ人は有名になりたがりますが、フランス人は忘れられたがるものです」(Jeffrey Rosen, The Deciders: The Future of Privacy and Free Speech in the Age of Facebook and Google, 80 *Fordham Law Review* 1533, 2012)。

日本における「忘れられる権利」の議論

ひるがえって、日本では「忘れられる権利」はどのように考えられているのでしょうか。

二〇一五年一二月二二日、かつて児童買春の罪に問われた男性が検索結果の非表示を求めた裁判において、さいたま地方裁判所は、「犯罪の性質等にもよるが、ある程度の期間が経過した後は過去の犯罪を社会から『忘れられる権利』を有する」ことを認めました。「ひとたびインターネット上に情報が表示されてしまうと、その情報を抹消し、社会から忘れられることによって平穏な生活を送ることが著しく困難になっていること」を考慮する必要があると、決定では指摘しています。結論として、この男性に関連する検索結果四九個の削除を命じました。

ところが、二〇一六年七月一二日、抗告審の東京高裁決定では、罰金納付から五年を経過しておらず、この検索結果がいまだ公共の利害に関する事項であるとして、削除を認めませんでした。決定の中で、「『忘れられる権利』は、そもそも我が国において法律上の明文の根拠がなく、その要件及び効果が明らかではない」とし、「忘れられる権利」について独立して判断する必要はない、としました。

この他にも、検索結果の削除をめぐる裁判が各地で起こされており、その結論も賛否両論あります（図表参照）。裁判所としても悩ましい難しい問題であると考えられます。このような中、二〇一七年一月三一日、最高裁は、検索結果の削除請求についてプライバシーに属する事実を

図表10　検索結果の削除をめぐる日本の裁判

2010年2月18日 東京地裁判決	削除不要	医師である原告が、インターネット上で検索サービスを運営する被告に対し、当該検索サービスの検索結果の表示によって原告の名誉を毀損するウェブページの閲覧が容易になっているなどとして、人格権に基づき、その検索結果の表示の削除を求めるとともに、不法行為に基づき、慰謝料の支払いを求めた事案
2011年12月21日 東京地裁判決	削除不要	第三者が運営するウェブサイトにおける掲示板の記載について、検索エンジンでその記載への検索がされることの差止めを求めた事案
2012年3月19日 東京地裁仮処分決定 2013年4月15日 東京地裁判決（第一審） 2014年1月15日 東京高裁判決（控訴審）	削除命令 （仮処分・一審） 削除不要 （控訴審）	グーグルのサジェスト機能により、犯罪行為を連想させる単語が検索候補の一つとして表示され、削除の差止めを求めた事案
2014年8月7日 京都地裁判決（第一審） 2015年2月18日 大阪高裁判決（控訴審）	削除不要	原告がサンダルに仕掛けた小型カメラで女性を盗撮して逮捕された事件についてヤフーに対し検索結果の削除を求めたが削除不要とされた事案
2014年10月9日 東京地裁仮処分決定	削除命令	過去に不良グループに所属していていた個人が、その事実をグーグル検索結果で表示されることに対し、個人データの削除仮処分を求めた事案（グーグルが起訴命令申立により一部削除命令の取り消し）
2015年5月8日 東京地裁仮処分決定	削除命令	現役の歯科医が5年以上前資格のない者に一部の診療行為をさせた疑いで逮捕歴（罰金）があったことがわかるとして、グーグルに検索結果の削除を求めた仮処分決定で削除を命じた事案
2015年11月16日 東京地裁仮処分決定 2016年10月28日 東京地裁判決	削除命令 削除不要	10年以上前に振り込め詐欺による逮捕の報道について、原告は現在株式会社の代表取締役として自ら事業を行い、社会に一定の影響を与える地位にあることなどから、インターネット上において低コストで知ることができるようにしておくことに公益性があるとされた事案
2015年12月1日 東京地裁仮処分決定	削除不要	男性が反社会的集団との関係が表示されるためヤフーに検索結果の削除を求めた仮処分決定で削除不要との判断を示した事案
2015年12月7日 札幌地裁仮処分決定	削除命令	12年前に逮捕されたことが検索結果で表示されたため削除を求めた仮処分決定で、「原告の犯罪経歴をネット上で明らかにする利益が、これを公表されない法的利益を上回っているとは言えない」と判断した事案
2016年7月20日 名古屋地決	削除不要	約3年前に公務員が盗撮行為を理由に条例違反で逮捕され、罰金50万円の略式命令を受けた記事内容の検索結果について、事件の内容などに照らせば、短期間で社会的関心が正当でなくなるとは言えないとされた事案

公表されない法的利益と検索結果を提供する理由に関する諸事情を比較衡量して判断するべきである、ことを示しました。この比較衡量の結果、「事実を公表されない法的利益が優越することが明らかな場合には、検索事業者に対し、当該ＵＲＬ等情報を検索結果から削除することを求めることができる」としました。

最高裁の決定は、比較衡量の判断要素として六つ（①当該事実の性質及び内容、②当該ＵＲＬ等情報が提供されることによってその者のプライバシーに属する事実が伝達される範囲とその者が被る具体的被害の程度、③その者の社会的地位や影響力、④上記記事等の目的や意義、⑤上記記事等が掲載された時の社会的状況とその後の変化、⑥上記記事等において当該事実を記載する必要性）をあげました。

この六要素は、週刊誌が仮名を用いて少年犯罪を報道した長良川事件報道訴訟（二〇〇三年三月一四日）において示されたものとほぼ同じです。

このことは、最高裁が、オンラインとオフラインにおけるプライバシー侵害の態様について区別をせず、判断したとも受け止めることができます。情報が消えることなく半永続的に残されているインターネットの世界と、新聞や週刊誌など、紙媒体の世界における情報流通を同じように扱って良いものか、今後も議論になりそうです。

なお、最高裁は、「忘れられる権利」については触れませんでした。「忘れられる権利」についての判断は将来に委ねたと見ることができます。今回の申立ての事件では、犯罪から約五年が経過していました。では、一〇年後、あるいは一五年後に同じ申立てをしたら、どのような結論が下されるでしょうか。

どこかの段階で最高裁もこの犯罪に関する検索結果の削除を認めると思われます。その場合には、「忘れられる」という「時の経過」が判断要素となってきます。実際、『逆転』事件（一九九四年二月八日）では、「新しく形成している社会生活の平穏を害されその更生を妨げられない利益」に言及し、一二年前の前科についてノンフィクション小説での実名公表が不法行為になることを認めています。

このような場合に、インターネット上で忘れられなくなっているプライバシーに属する情報について、「忘れられる権利」がいつか必要となるでしょう。

法務省の調査（「平成二七年における『人権侵犯事件』の状況について」二〇一六年三月）によれば、インターネット上の人権侵害情報に関する人権侵犯事件におけるインターネット上のプライバシー関係事案が一五八六件（対前年比一九・三パーセント増加）となっており、四年前の約二倍（二〇一一〈平成二三〉年は七九三件）に増加しています。この傾向からも明らかなように、「忘れられる権利」をめぐる問題を日本でも真剣に受け止める必要があるように思われます。

日本では、犯罪報道の削除を請求する事案が多く見られますが、EUで見られる「忘れられる権利」の対象とする事案には、リベンジポルノ、DV被害者の引っ越し先の住所やその環境に関するSNSの投稿、さらに未成年者のいじめの画像や投稿といったものが含まれています。本来、「忘れられる権利」は、インターネット上の情報拡散防止により、アイデンティティを取り戻し、自我を造形する権利としての性格を有しています。日本でも、様々な事例を念頭に置きつつ、先の小説の当時の裁判例を一歩前進させた、インターネットの時代におけるプライバシー権の保護のあり方が問われているように思われます。

プライバシーをめぐるアメリカとヨーロッパとの衝突の中、日本における「忘れられる権利」の議論が最高裁決定を受けてどのような方向性に進むのか筆者自身も注目しています。筆者は、特に未成年者のSNSの投稿については、いじめ問題などを解決するためにも、積極的に「忘れられる権利」を認めるべきであると考えています。その他の個人に関する情報についても、本来の利用目的の観点から、例えば犯罪報道であれば報道機関のウェブ上でニュースが削除された時点で、掲示板などによるコピーされた情報も検索結果として表示する必要があるか否か慎重な検討が求められます。

プライバシーをめぐる米欧の衝突

さて、プライバシーをめぐるアメリカとヨーロッパの衝突は「忘れられる権利」をめぐるケースだけではありません。これまでもプライバシーのあり方をめぐり、アメリカとヨーロッパとの間で繰り返し衝突が生じてきました。

その引き金となったのが一九九五年ＥＵデータ保護指令の第二五条です。この第二五条に、「十分な保護の水準」（十分性の要件）という規定が置かれました。すなわち、ＥＵから第三国へ個人データを移転したい場合、その第三国は「十分な保護の水準」を確保していなければ、原則としてデータ移転が禁止されます。このデータ移転の制限には、顧客データはもちろんのこと、取引先のデータや社員のデータも対象となっています。そのため、アメリカのグローバル企業に直接影響が生じる規定です。

あとで紹介しますが、アメリカとヨーロッパとでは、個人情報保護の法制度がまったく異なります。そのため、アメリカの個人情報保護法制はＥＵデータ保護指令第二五条の「十分な保護の水準」を確保していると見なされることはありませんでした。したがって、アメリカのグローバル企業はＥＵから個人データを持ち出し本国に移転することが認められないこととなります。

二〇一六年一〇月現在、EUが正式に「十分な保護の水準」を満たしていると認定した第三国は、アンドラ、アルゼンチン、カナダ（民間部門のみ）、スイス、フェロー諸島、ガーンジー島、イスラエル、マン島、ジャージー島、ニュージーランド、ウルグアイの一一カ国・地域です。この中に、日本やアメリカは含まれていません。

実際、EUデータ保護指令が一九九八年に施行されてすぐに、アメリカ企業のマイクロソフトはスペインの従業員のデータの収集とアメリカへの移転が問題とされました。スペインの個人データ保護監督機関はマイクロソフトの個人データ移転の実態を調査し、五〇〇〇万ペセタ（当時約二五万ドル）の制裁金を命じ、不服申し立てにより、実際には一〇〇〇万ペセタ（当時約五万七〇〇〇ドル）の制裁金が科されました。

では、現実に日本やアメリカのグローバル企業はどのように個人データをEUから本国に移転しているのでしょうか。日本企業は、多くの場合、欧州委員会が示したデータ移転を行なうための契約を締結し、日本企業が安全に個人情報を管理していることを示した上で、データ移転を行なっています。この他にも、グループ企業の中にはEU加盟国の個人データ保護監督機関の審査を受け認証される、拘束的企業準則という仕組みを用いてデータ移転を行なっているところもあります。EUが示す方法以外で個人データを移転すれば、制裁金が科される可能性があります。

このように、EUデータ保護指令の「十分性の要件」はアメリカとヨーロッパとの間のプライバシー保護をめぐる対立の象徴的な規定となりました。個人データ移転の制限はEU市民のプライバシー権を守るための人権の問題であるとするEUに対し、アメリカ側は自由な情報流通を妨げる非関税障壁であると主張して、大きな政治問題にまで発展してきました。

セーフハーバー協定をめぐる攻防

EUの「十分性の要件」に対し、アメリカは政治交渉による決着を目指しました。アメリカ国内では、EUの法制度との違いが明らかであるため、「十分性の要件」を満たすことは難しいと考えられていました。そこで、一九九八年一一月アメリカ商務省は産業界の意見を聴取し、産業界がEUからのデータ移転のために遵守するべき原則を含むセーフハーバー協定案を示しました。この案を基にアメリカ商務省は欧州委員会との間で交渉を重ね、二〇〇〇年五月に開催されたアメリカとEUとの首脳会談において最終合意への道筋が見られ、二〇〇〇年七月にセーフハーバー協定の合意にいたりました。個人データの越境移転という問題がアメリカとE

Uとの間の政治の最高レベルにおいて決着されなければならないほど大変な交渉であったことがうかがえます。

セーフハーバー協定とは、アメリカ商務省が示したプライバシー原則を満たしていると自己認証した企業のリストを公表し、その企業はEUとの間の個人データの移転を可能とする政治協定でした。これにより、二〇一五年までの一五年間に約四〇〇〇社がアメリカ商務省のリストに掲載され、EUからの個人データの移転を自由に行なう恩恵を受けてきました。

このように、セーフハーバー協定によって、大西洋における大きな貿易衝突を回避することができた、と言われてきました（Dorothee Heisenberg, Negotiating Privacy : The European Union, The United States, and Personal Data Protection, 2005）。

しかし、その後EU側からは、セーフハーバー協定という政治的妥協によるプライバシー保護の水準を維持することに不満が示されました。例えば、欧州委員会は二〇〇二年と二〇〇四年にセーフハーバー決定の運用について調査をしましたが、その結果、セーフハーバー認証がアメリカ商務省のリストに掲載されている企業の中には、個人情報をどのような目的で取扱っているかについてのプライバシーポリシーすら公表されていない企業、またセーフハーバー決定のプライバシー原則を遵守しているか疑わしい企業が多く見受けられました。

また、EU市民が個人情報の取扱いについてアメリカ側に苦情申し立てを行なおうとすると、仲裁手数料が二〇〇ドル程度かかり、アメリカ法に基づいて苦情が処理されることが問題とされてきました。さらに、違反企業に対し法執行を行なう権限のあるアメリカの連邦取引委員会は、二〇〇九年から二〇一二年にかけてセーフハーバー認証を受けた企業の一〇社がプライバシー原則を遵守していないとして公表しましたが、制裁金を科したわけではありませんでした。

二〇一三年六月には、NSAによる、EU市民もターゲットにした個人情報の監視活動がスノーデンにより明らかにされるなど、EU側からの不満は高まっていきました。欧州議会はセーフハーバー決定を即座に停止するべきであるとする決議を採択し、セーフハーバー決定の継続が危ぶまれました。欧州委員会もセーフハーバー決定の見直し作業に取りかかりました。

ところが、二〇一四年三月にアメリカのオバマ大統領がブリュッセルでのEUとの首脳会談の場において、再び政治決着させ、セーフハーバー協定の継続と強化という約束が交わされることとなりました。

セーフハーバー協定無効判決

セーフハーバー協定の危機を回避したアメリカの政治力に対し、EU司法裁判所は二〇一五年一〇月六日セーフハーバー協定を認めた欧州委員会の決定を無効とする厳しい判決を下しました（CJEU, Case C-362/14, Maximillian Schrems v. Data Protection Commissioner）。

先に述べた通り、スノーデンの告発によりＥＵ市民のフェイスブックも監視の対象となっていたことが発覚しました。ＥＵ市民のフェイスブックの情報はアイルランドのデータベースセンターに保存され、セーフハーバー決定に基づきアメリカに移転されていたのです。この訴訟は、フェイスブックを利用していたオーストリア在住の学生がスノーデンの告発をあげながら、セーフハーバーはもはや十分な保護の水準を確保していない、としてアイルランドの裁判所に判断を求め、その事案がＥＵ司法裁判所で争われることになったのです。

この訴訟の判決は、スノーデンの告発によって明らかにされたこうした監視活動を、大量かつ無差別な個人情報収集であると指摘し、このような監視活動はＥＵ基本権憲章で保障された私生活尊重の権利と個人データ保護の権利を侵害するものであると認定しました。そして、本件で問題とされたフェイスブックについても、アメリカの監視活動の対象とされており、ＥＵ市民のフェイスブック利用者の個人情報も大量かつ無差別に監視の対象とされ、それに対する救済措置がないことが非難されました。

ＥＵにおける「十分性の要件」は、アメリカを含む第三国に同一の法制度を求めるものではありませんが、「本質的に同等であること」が要件であると判決の中で示されました。そして、結局セーフハーバー協定はＥＵの法秩序と「本質的に同等であること」の要件を満たしていないと結論付けられました。

この判決により、一五年続いてきたセーフハーバー協定は無効となり、従来のセーフハーバーによる自己認証を行なっていたアメリカ企業はこの協定に基づくデータ移転をすることができなくなりました。実際、この判決以降も、セーフハーバー協定に基づき個人データをドイツからアメリカに移転していたアドビ、ユニリーバ、ペプシといった企業はドイツの州データ保護監督機関から制裁金を科されました（Hamburg Commissioner for Data Protection and Freedom of Information, Press Release, Inadmissible data transfer to the USA, 6 June 2016）。

セーフハーバー協定の無効を受けて、ただちにアメリカとＥＵとの間の政治交渉が再び始まりました。二〇一六年七月一二日には、アメリカが国土の安全を理由にＥＵ市民の個人情報を無差別に監視しないことやＥＵ市民に不当な個人情報の取扱いに対する救済措置を認めることなどを条件に「プライバシーシールド」という新たなデータ移転の枠組みが承認されました。しかし、このような政治的妥協に基づくデータ移転の枠組みは再びＥＵ司法裁判所に提訴（CJEU, T-670/16, Digital Rights Ireland v Commission）されるとともに、外国人へのプライバシー保護を制限するアメリカのトランプ新政権の大統領令（Executive Order : Enhancing Public Safety in the Interior of the United States, sec. 14, January 25, 2017）によりEUとのデータ移転の緊張関係も継続するものと見られています。

データナショナリズム

さて、アメリカとEUの対立が顕著になる中、ロシアではデータベースセンターを自国の領土内に設置することを義務付ける「データローカライゼーション」政策が見られるようになりました。すなわち、自国にデータベースセンターの設置を義務付けることで、アメリカの監視活動を防止しよう、という試みです。

データローカライゼーションは、インターネット上で大量のデータを保管するクラウドサービスにとって致命的な問題を引き起こします。すなわち、ロシアでクラウドサービス事業を展開しようとすると、必ずデータベースセンターをロシアに設置しなければなりません。

このようなデータローカライゼーションは、カナダのブリティッシュコロンビア州での州政府機関のデータベースを自国に設置することを義務付ける例に始まり、韓国におけるクラウドサービスを自国に設置することを奨励する法律、さらに海外へのデータベースの移転に事前の同意を必要とするマレーシアやフィリピンなどの例もあります。EUにおける「十分性の要件」もまた広い意味でのデータローカライゼーションの規制と位置付けることが可能なのかもしれません。もしも各国が同様のデータローカライゼーションの措置を講じるとなると、クラウドサービスは事業のあり方を根本的に見直さなければなりません。

これらの動向に対抗する形で、例えば、TPP（環太平洋戦略的経済連携協定）では、データローカライゼーションを禁止する条項を電子商取引の章の中で設けました。顧客データを自国のデータベースセンターに保全させないことで自由な情報流通が可能となり、多くのIT企業を抱えるアメリカ主導による電子商取引の政策が反映されたと見ることもできます。

果たして個人データはどこの国のものなのでしょうか。インターネットには国境がないため、自由に国境を越えて移転することのできる個人データについて、現在のデータの国籍、すなわち「データナショナリズム」が問われつつあります。

さらに、データローカライゼーションをめぐりアメリカとEUの間では一つの裁判が提起されたことがあります。マイクロソフトはアイルランドにデータベースセンターを設置しており、そのアイルランドデータセンターにおける電子メールなどの個人データについて、アメリカ国内の捜査のための保存通信法に基づく令状により、開示をしなければならないか否かがアメリカ国内裁判所で争われたのです（Microsoft v. United States, No. 14-2985, 2d Cir. 2016)）。

この訴訟には、マイクロソフトを支援するため、アイルランド政府をはじめ、アップル、アマゾン、ベライゾンなどの企業が裁判所に意見を提出した他、ワシントンポストやCNNといったメディアも同じくマイクロソフトを支援しました。

二〇一六年七月一四日、連邦第二巡回裁判所は、アメリカ国内の捜査のための令状によって、国外のデータベースセンターの個人データの開示を強制することはできない、という判決を下しました。この判決により、ひとまずアイルランドのデータベースセンターに保存されている個人データは、厳格なEUデータ保護指令とアイルランド法によって保護された格好です。

個人データの所有者である個人の国籍と、その個人データが保存されている場所の国籍が異なる場合にも、個人情報は国籍に関係なく保護することが求められています。しかし、インターネットという国境のない世界において、データが保存されている場所によって適用される法律が異なると、どこにデータベースセンターを置くかによって、事業者は異なる対応を迫られることとなります。

アメリカ財務省が送金電信の監視をしていた「SWIFT事件」

データベースセンターについて言えば、「SWIFT（国際銀行間通信協会）事件」においてアメリカとEUでも衝突が見られました。

SWIFTとは、二〇〇カ国以上の国と地域における一万一〇〇〇以上の金融機関が加盟するグローバルな組織です。二〇一五年には約六一億の電信（Fin メッセージ）を処理し、世界中の金融機関における送金などの電信を取扱っています。

SWIFTはベルギーに拠点があるため、EUデータ保護指令の原則を遵守する必要があります。ネットワークのオペレーションセンターはベルギーの他に、アメリカのワシントンD.C.にもあります。二〇〇六年六月、アメリカ財務省外国資産管理室がテロリストへの送金防止の目的で電信データを監視していたことが報じられました。アメリカは、いわゆる愛国者法と大統領令に基づき、テロ組織への送金を凍結するため、金融機関に取引履歴を開示させる権限を有していたのです。

このようなアメリカの対応にEUでは強い反発がありました。欧州議会はアメリカ財務省がEUデータ保護指令の基本原則に違反したことを非難する決議を採択しました。欧州委員会の第二九条データ保護作業部会は、SWIFTへの調査を行ない、アメリカ財務省の監視が不透明であり、EUデータ保護指令の重大な違反であることを認定しました。

また、ＳＷＩＦＴがアメリカ財務省に送金や取引の履歴を横流ししていたことが問題視され、その後ＥＵとアメリカとの間でテロリストへの送金追跡に関する交渉を行ないました。二〇一〇年八月には金融データに関する処理と移転に関するアメリカとＥＵとの間の協定が発効されました。ここでは、ユーロポールというＥＵの法執行機関がＳＷＩＦＴのアメリカ財務省へのデータ移転の状況についてチェックできることが定められるなど、監視への歯止めがかけられました。しかし、スノーデンの告発により、あらためてこの協定の停止に関する決議が欧州議会で採択されるなど、この協定もまた不安定な状況に置かれています。

当然のことではありますが、ＥＵとしてもテロリストへの送金を防止することに異論はありません。しかし、透明性のないところでアメリカ財務省が、金融機関におけるＥＵ市民のセンシティブな個人情報を無差別で大量にそして長期にわたって監視していたことが問題とされたのです。これは日本人の送金履歴についても例外ではありませんでした。

航空機の乗客予約記録をめぐる衝突

プライバシーをめぐるアメリカとＥＵとの間の衝突は、飛行機の乗客予約記録（ＰＮＲ：Passenger Name Record）においても見られました。

二〇〇一年九月一一日の同時多発テロの後、アメリカでは、航空運輸安全保障法に基づき、運輸保安局と国土安全保障省がテロリスト容疑者の事前スクリーニングを実施するようになりました。アメリカを離発着する飛行機の航空会社は乗客の予約記録を事前にアメリカ運輸保安局へ提出することが義務付けられました。そのため、乗客の氏名、生年月日の他に、支払い情報（クレジットカード情報）や特別要求サービス事項（食事制限や車いすの必要の有無）などの個人情報を航空会社は離陸前にアメリカ運輸保安局に提出しています。

しかし、ＥＵは無条件にアメリカ側に乗客予約記録の提出をしませんでした。乗客予約記録について十分な保護の水準を確保するため、欧州委員会はアメリカ国土安全保障省との間で交渉を行ないました。そして、二〇〇三年一二月にＥＵからアメリカへ向かう航空機の乗客予約記録の移転を認める決定を行ないました。二〇〇四年にはアメリカ側が欧州委員会の決定に従い厳格に個人情報を処理するという条件の下、航空機の乗客予約記録をＥＵからアメリカに移転することを認める特別協定が発効されました。

しかし、この協定に対して欧州議会はＥＵ市民をテロリスト扱いしていると猛反発し、アメリカへのＥＵ市民の乗客予約記録を無差別に提供するべきではないとしてＥＵ司法裁判所に提訴しました。二〇〇六年五月三〇日、ＥＵ司法裁判所は、欧州議会の主張を受け入れ、二〇〇六年九月三〇日以降はこの協定を無効としました（CJEU, C-317/04 - Parliament v Council, 30 May 2006）。航空会社は乗客予約記録を商業目的でEUからアメリカに移転しているわけではなく、アメリカの要請で公共の安全に関わる問題として移転しているため、既存の「十分性の要件」による認定に照らして、移転を認めることはできない、というのが理由でした。

この判決により、EU域内の航空会社は重大なジレンマに直面しました。すなわち、EU域内の航空会社がアメリカの要請を受けて乗客予約記録を提供すれば、EUデータ保護指令や国内のデータ保護法違反に問われ、また、乗客予約記録を提供しなければ、アメリカの空港への着陸を拒否されるかもしれない、という深刻な状況に置かれることとなりました。

そこで、欧州委員会はアメリカ国土安全保障省との間で期限付きの暫定協定を繰り返し締結し、EU域内の航空会社は乗客予約記録一九項目をアメリカの空港に到着する前に提供してきました。

乗客予約記録の個人データの共有についてもアメリカとEUとの間では繰り返し衝突が起きてきました。その後、SWIFT事件後の協定交渉を含め、二〇一六年六月、欧州委員会とアメリカ司法省との間でテロ対策を含む刑事訴追などに関する個人データの共有に関する無期限の包括合意が発効しました（Agreement between The United States of America and The European

Union on the protection of personal information relating to the prevention, investigation, detection, and prosecution of criminal offenses' June 2, 2016)。

一見、アメリカ側の交渉力の成果のようですが、包括合意の内容について見ても、スノーデン事件の影響を受け、個人データ保有期限はあらかじめ決められ公表されること、アメリカ側からの個人データの再移転は事前の同意がない限り認められないこと、アメリカ側に違反があった場合には司法救済が認められることなど、ＥＵのデータ保護の原則も反映されているように思われます。

テロ対策という正当な目的であっても、その個人データの保護のあり方についてアメリカとＥＵとの間では激しい攻防が繰り広げられてきたわけです。

アメリカとヨーロッパとの比較

ここまで見てきた通り、アメリカとヨーロッパとの間にはプライバシーについての考え方に関しての明確な対立が見られます。プライバシーの権利とは、西欧に由来するものであると考えられてきましたが、少なくともプライバシー権を論じる場合、欧米をひとくくりにすることは適切ではありません。むしろ、アメリカとヨーロッパとではプライバシーを人権として保障するために、それぞれ異なる道を歩んできたように思われます。

そもそもプライバシーを権利として保障する、という発想はどこからどのようにして生まれたのでしょうか。

法制度だけを比較してみれば、アメリカもヨーロッパもプライバシーを人権として保障しています。例えば、アメリカでは、合衆国憲法第四修正において、身体、住居、書類、所持品が不合理な捜索や逮捕、押収から保護されることを明文で保障しています。さらに、一九七四年連邦プライバシー法の他に、医療保険、電気通信、金融サービス、信用情報、児童オンラインサービス、ビデオレンタルなどの分野においてプライバシー保護法が見られます。

ヨーロッパでは、欧州人権条約における私生活尊重の権利に始まり、EU基本権憲章では私生活尊重の権利とは別に個人データ保護の権利が明記されています。さらに、一九九五年EUデータ保護指令、そしてそれが改正された二〇一六年EUデータ保護規則や二〇一七年改正案が示されている電子プライバシー指令などが見られます。

アメリカとヨーロッパにおけるプライバシーをめぐる対立について、単に法律の条文の比較を行なっても、それだけでは有益な手掛かりが得られるわけではなさそうです。アメリカの比較法学者であるジェームズ・ホイットマン教授は次のような例を出しています。

「フランス人は給料のことになると話をしたがりませんが、なぜビキニのトップをはずすのでしょうか。アメリカ人は裁判所の証拠開示命令には従いますが、なぜ身分証明書の携帯を拒むのでしょうか。なぜヨーロッパでは人名の選択に国家の介入が許されてきたのでしょうか。なぜアメリカ人はクレジットカードの詳細な報告に逆らうことなく従ってきたのでしょうか」(James Whitman, The Two Western Cultures of Privacy : Dignity Versus Liberty, 113 *Yale Law Journal* 1151, 2004)

この例に見られるように、アメリカとヨーロッパの対立を単に法律の条文解釈の問題で済ますよりも、むしろ法律の背後にあるプライバシー文化やプライバシー権の思想・哲学をあぶり出す作業を通じて、両者の異同を明らかにすることが重要であるように思います。

そこで、プライバシーをめぐるアメリカとヨーロッパの衝突の根源について、もう少し深く掘り下げて考察してみましょう。

アメリカのプライバシー法——自由

アメリカのプライバシー権の核心は、政府からの個人の「自由(liberty)」にある、と言うことができると思います。

この個人の「自由」を保障するため、アメリカでは、プライバシー保護の慣行の積み重ねからなる「公正情報取扱慣行の原則」による自主規制が策定されてきました。この原則は、プライバシー保護のために、

① 本人への通知
② 本人による選択の機会の付与
③ 本人によるデータアクセスの保障
④ セキュリティ
⑤ 救済措置

この五つを主な内容としており、公的機関のみならず、企業でも広く実践されてきています。アメリカのプライバシー保護の規制の特徴として、一般的に、禁止事項を列挙する消極的義務を規定し、事件が起きたら、それに応答する形で事後的に個別の違反事案について司法手続により解決することを好む傾向があります。ヨーロッパに見られる独立行政機関としての個人情報保護監督機関は、その機関自体が自由な情報流通を監視する究極の「ビッグブラザー」で

あるとして敬遠されてきました。

すでに「忘れられる権利」のところでも触れましたが、アメリカでは、表現の自由という対立する利益もありますし、企業における個人情報の取扱いは、各人の自由な選択の結果であれば、その選択に政府が介入することはできません。アメリカ人にとってプライバシー侵害の最大の敵は、アマゾンやグーグルではなく、むしろ政府であり、「市場の失敗」以上に「規制の失敗」によって、私生活に干渉を受けることを嫌う傾向にあると言うことができるかと思います。

だからと言って、アメリカではプライバシー保護違反に対して寛容であると見るのは間違いでしょう。個人の自由な選択として個人情報の取扱いを各人に委ねていますが、その選択に対して欺瞞的な方法で個人情報を取扱った場合、アメリカでは連邦取引委員会が法執行機関としての役割を果たしてきました。

いくつかの例を紹介しますと、連邦取引委員会は、二〇一二年八月、グーグルが利用者にクッキーを通じて追跡を行なわないことを明示していたにもかかわらず、利用者のウェブ閲覧履歴を収集していた事案に対し、二二五〇万ドル（約二五億円）の支払いを命じました。また、個人情報の安全管理措置を怠り、かつ欺瞞的な広告配信を行なった企業に対し、二〇一五年一二月に一億ドル（約一一二億円）の制裁金を科した事例もあります。

さらに、二〇一六年六月には、電子医療記録を運営する企業が患者の個人情報や医師のレビューの結果を事前に十分に周知することなくインターネットに公開したため、連邦取引委員会が改善措置を命じました。

合衆国憲法は「自由の恵沢」を謳《うた》っていますが、アメリカのプライバシー保護法もまた政府からの個人の「自由の恵沢」に根差しているものと理解することができるかと思います。

ヨーロッパのプライバシー法――尊厳

一方、ヨーロッパのプライバシー権は、人間の「尊厳（dignity）」を保護するために発展してきたものと見ることができると思います。

ヨーロッパでは「尊厳」を保護するため、政府は積極的にプライバシー権を保護する義務があるとされてきました。ヨーロッパにおいては、プライバシーに対する脅威は大企業であると見なされ、その脅威に対して、独立した行政機関である個人情報保護監督機関はプライバシー権を保護する義務があると理解される傾向にあります。

ちなみに、この個人情報保護監督機関の独立性の要件は、ＥＵ基本権憲章でも定められており、厳格に理解されています。直接・間接のいかなる影響からも独立した決定権限が担保されていなければなりません。この独立機関はもともと政府機関をチェックするための組織であるため、監督機関が政府機関から指図を受けることはもちろん許されませんが、EU司法裁判所の判決では監督機関の職員が独自採用されることや、建物が独立して運営されていることも条件とされています（CJEU, C-614/10, European Commission v Republic of Austria, 16 October 2012）。

この独立した個人情報保護の監督機関が事前に規制枠組みを示し、国に個人情報保護のための積極的義務を課し、監督機関が能動的な形で違反事例の調査を行ない解決するのがヨーロッパの一般的な仕組みとなっています。日本でも二〇一六年一月にマイナンバー法を所管していた特定個人情報保護委員会が改組され、新たにヨーロッパにおける機関をモデルにした独立した組織としての個人情報保護委員会が設置されました。

EU基本権憲章第一条が人間の「尊厳」が不可侵であることを明らかにしていますが、ヨーロッパにおけるプライバシー権の保障は、この人間の「尊厳」に基礎を置いていると考えることができます。

三四歳のルイス・ブランダイス

私たちはアメリカとヨーロッパとの間のプライバシー権をめぐる衝突を考えるにあたり、そもそもプライバシー権の生みの親の思考をふりかえる必要があります。

プライバシーを法的権利として承認するべきであると主張したのはボストンにいた二人の弁護士でした。サミュエル・ウォーレン（一八五二―一九一〇）とルイス・ブランダイス（一八五六―一九四一）は、一八九〇年「ハーバード・ロー・レビュー」において「プライバシーへの権利」という論文を公表しました（Samuel Warren and Louis Brandeis, The Right to Privacy, 4 *Harvard Law Review* 193, 1890, p193)。

当時二人がターゲットとしていたのは、アメリカで台頭してきたイエロージャーナリズム（ゴシップ、風刺のジャーナリズム）と言われています。二人は論文で次のような指摘を行なっています。

「プレス（報道）は礼節と品格の明確な境界をあらゆる方面で踏み越えています。ゴシップはもはや暇人と悪意をもった人の気晴らしではなく、産業と厚かましさがつきまとう商売となりました」

そして、二人は、後に世界中で読まれることとなるプライバシー権の原点となる一節について次のように説明しました。

「（今日では）人の精神性、感情、知性が認められるようになりました。しだいにこれらを法的な権利としていく範囲は広がりを見せてきました。今や生命への権利は人生を享受する権利、すなわち独りにしておいてもらう権利を意味するようになりました」

このように二人は、当時のイエロージャーナリズムに対し、「独りにしておいてもらう権利」を承認させた、と一般的に説明されてきました。

しかし、プライバシー権はプレスから「独りにしておいてもらう権利」としての意義を有している、という説明からさらに考察を進めていく必要がある、と共著者であるブランダイスは考えていたのでしょう。彼はこの論文の公表直前に一通の手紙を残しています。

「『プライバシー』に関する論文の校正紙が出ました……。まだ全部を読み通していないけれども、私が読んだ少しの部分は私が思っていたほど良い出来ではありませんでした」（Letter from Louis D. Brandeis to Alice Goldmark, November 29, 1890, in Letters of Louis D. Brandeis, vol.I (1870-1907): Urban Reformer, 94-95, Melvin I. Urofsky & David W. Levy eds., 1971）

この手紙の名宛人は、ブランダイスが一八九〇年一〇月四日に婚約したばかりのアリス・ゴールドマークでした。世界中で称賛されてきたプライバシー権の論文でしたが、ブランダイスは、自身の生涯のパートナーとなる彼女に対し論文の不出来を打ち明けていたのでした。

ブランダイスはアリスへの手紙の中で、プライバシーの権利と、秘密であっても隠ぺいするべきではないとする公衆の意見との緊張関係について、次のように続けていました。

「もちろん君のプライバシーと公衆についての意見は正しいでしょう。しかし、すべての法は、法の背後にある公衆の意見がなければ死んだ文字となってしまいます。法と公衆の意見とは絡み合っています。つまり、両者は互いに力を与えあっています」

このように、ブランダイスは、プライバシー権を「独りにしておいてもらう権利」として社会からの撤退や隠匿といった意味に限定して論文を公表していたわけではないように思われます。むしろ公衆の意見や公開の義務との緊張関係の中で、「自らの思考、思想そして感情を他者にどの程度伝えるべきかを決定する権利」としてプライバシー権を捉えようとしていたと見るべきでしょう。

ブランダイスにとって、「プライバシー」の「権利」とは、「公開（パブリシティ）」の「義務」との緊張関係の中から導き出されるものであって、公と私、そして権利と義務というコインの表裏の関係を巧みに論理構成した結果、プライバシーの権利が法的権利として導き出されたと考えることができます。

実際、ブランダイスは、プライバシー権の父であると同時に、アメリカの表現の自由の偉大な擁護者でもあると理解されてきました。

七一歳のルイス・ブランダイス

ブランダイスは、七一歳になったとき、ボストンの弁護士からアメリカ合衆国最高裁判所の裁判官になっていました。裁判官としてのブランダイスは、当時禁酒法のあったアメリカで酒の密輸をしていた犯人を検挙するため、警察が電話の通信を傍受した事件についての判決を下しました（Olmstead v. United States 277 U.S. 438, 1928）。

アメリカの最高裁の歴史においてここで初めてブランダイスは「プライバシーへの権利」を裁判官として承認しました。電話の通信を傍受することは、住居、書類、所持品を不合理な捜索などから保護する合衆国憲法第四修正のもと、違法な捜索にあたると判断したのです。

ブランダイス裁判官は、「品格、安全、そして自由といったものは、政府の役人が、市民に命じられた行為と同じルールに従わなければならないことを要求しています」と、無断で行なわれた通信傍受という「汚れた仕事」を批判しました。

そして、判決文の中で、ブランダイス裁判官は次のような雄弁な意見を書き残しています。

「憲法の創設者は、幸福追求のために望ましい諸条件を確保する責任を引き受けました。彼らは人の精神性、感情、知性がもつ重大性を認識していました。彼らは人生の痛み、喜び、そして満足の一部だけが有形な物の中に見出すことができることを知っていました。彼らは信念、思考、感情、思想においてアメリカ人を保護することを模索しました。彼らは政府に対抗するものとして、独りにしておいてもらう権利、最も包括的な権利の一つであり、文明人によって最も価値あるものとされてきた権利を付与しました」

残念ながら、ブランダイス裁判官の意見は、五対四の一票差でこの判決では少数意見となってしまいました。しかし、このブランダイス裁判官の意見は、一九六七年のプライバシー権に関する裁判において合衆国最高裁の法廷意見となり、そして現在にいたるまで偉大な意見として合衆国最高裁の判決文や個別意見でしばしば引用されています。

ブランダイスは、弁護士として、そして裁判官として「プライバシーへの権利」を追究し続けてきました。三四歳のブランダイスにとって、そして七一歳になったブランダイスにとって、論文の中で、また判決文の中でも「プライバシーへの権利」は、「人の精神性、感情、知性」の保護にとって不可欠であり続けました。そして、ブランダイスは三四歳の論文でも七一歳の判決文でも同じように「品格」という言葉を用いて「プライバシーへの権利」を法的権利として擁護し続けてきたのです。

プライバシー二都物語

このブランダイスのプライバシー権は、アメリカでは「人の精神性、感情、知性」を担保する「自由」を基礎として発展してきたのかもしれません。

これに対し、ヨーロッパでは同じくブランダイスの論述に現れる言葉、「品格」や「尊厳」の価値を基盤にしてプライバシー権を進化させてきたと言えるかもしれません。ちなみにブランダイスは高校時代をドイツで過ごした経験を持ち、ヨーロッパ的な価値観も兼ね備えた人物だったこともこうした見解には反映していると言えるでしょう。

アメリカのワシントンでは、個人の自由な生き方や選択のためにプライバシーが重要であるとするのに対し、EUの中心地ブリュッセルでは、過去のナチスや秘密警察の暗い歴史への反省の上に立ち人間の尊厳を守るためにプライバシーを尊重してきたことは第一章で述べました。ワシントンとブリュッセルで、それぞれ異なるプライバシー保護の法律を整備してきたのは、プライバシーの思想や哲学に関する違いが反映されていると言うことができるでしょう。ここに「プライバシー二都物語」とも言うべき米欧のプライバシー観の違いを見ることができます。

ブランダイスは常に巨大なものに立ち向かってきた法律家であると言われます。余談ですが、ハーバード大学ロースクールの同級生であり後に明治政府の外交官、外務大臣となった小村寿太郎とは卒業後も交流があり、日露戦争後のポーツマス条約の交渉の際にもブランダイスは小村とランチを共にしていました。ブランダイスはロシアの腐敗した皇帝の巨大な権力に懐疑的であったため、日露戦争では日本に味方をしたと言われています。

今私たちが使っている「プライバシー権」という言葉を生み出したブランダイスが生きていれば、何をプライバシーの脅威となる巨大な問題として捉え、そして、米欧におけるプライバシー権の対立を見て、どのようにプライバシー権を発展させていくでしょうか。

第四章　日本のプライバシー保護を考える

ビッグデータの利活用派と個人情報の保護派の対立？

二〇〇三年に成立して以降、実質的に初めての「個人情報の保護に関する法律」（略称：個人情報保護法）の法改正が二〇一五年九月に行なわれました。

この法改正の背景には、ビッグデータの「利活用」と、個人情報の大規模漏えいや名簿業者の問題からくる「保護」との間の力学が働いていました。一見すると両者は矛盾し、衝突するようにも見えます。実際、法改正の過程の議論では、利活用派と保護派という二項対立の図式が見受けられました。

しかし、冷静に考えてみれば、「利活用」の前提には個人情報の「保護」があります。例えば、個人情報の漏えいなど心配なく、名簿業者は野放しにしてもかまわない、何の「保護」もいらないから「利活用」だけ考えれば良い、という極論を主張する人はいないと思います。そもそも個人情報が適切に「保護」されているという信頼がない限り、利活用の政策も滞ってしまうでしょう。

これまで説明してきた通り、プライバシーを保護するための法的枠組みは、目先のビッグデータがもたらす利益に飛びついたために生じる、回復することが困難な権利を保護することに主眼があります。ひとたび漏えいしてネット上に流出してしまった個人情報を回収することは難しいのが現実です。また、ビッグデータのプロファイリングによって差別的取扱いを受けているという事実が明らかになったあとで、これを取り消してください、と言ってもそれを元に戻すことは極めて困難なのです。

もはやデータは保存するよりも消去する方がコストがかかり、また消去したデータも多くの場合、復元が可能であるのが実態です。そのため、プライバシーの保護には事前の法的枠組みがどうしても必要なのです。

プライバシー保護の法的枠組みは、ホメロスの『オデュッセイア』の物語にたとえられることがあります。魔女セイレンの誘惑的な歌声で船乗りが魅了され、難破しないよう、オデュッセウスが部下に命じて自分の身体をあらかじめ帆柱に縛り付けておくという有名な話です。

プライバシー保護の最大の敵は、人間のむき出しの好奇心や欲望なのかもしれません。私事は公にされていないからこそ、知りたいものですし、また価値が生まれてくるものです。このむき出しになった好奇心や欲望を縛るために、私事がみだりに公にされない仕組みが必要となるのです。

つまり、個人情報の保護派は、利用者に個人情報の取扱いに対する信頼を醸成させるための条件整備を主張しているのであって、その意味で保護派の主張はビッグデータ利活用の推進に寄与しているという側面があるのです。

JR東日本Suicaカードの事例

さて、二〇一五年の個人情報保護法改正の背景にはいくつかの象徴的な事件が存在します。一つ目が、第二章の仮名化データの項でも事例として紹介したJR東日本のSuicaカードに関する事件です。Suicaカードの利用者のデータを、駅のマーケティング資料の作成・販売のために日立製作所へ提供していたことについて、ユーザーへの事前の説明が不十分であったことが公表されました（東日本旅客鉄道株式会社「Suicaに関するデータの社外への提供について」二〇一三年七月二五日）。

このプロジェクトが批判を浴びた理由を個人情報保護法の観点であらためて整理すると、三つの理由が考えられます。

第一に、これは、第二章でも指摘した通り、法律的な観点からは、個人情報の保護の範囲を適切に理解していなかったことがまず問題だったと言えます。

JR東日本の説明によれば、日立に提供されたデータは次のようなものです。Suicaでの乗降駅、利用日時、鉄道利用額、生年月、性別及びＳｕｉｃａＩＤ番号を他の形式に変換した識別番号からなるデータ。そして、この番号変換については、不可逆であるとＪＲ東日本は説明しています。

しかし、この説明の通りデータが加工されていたとすれば、データを単に変換番号に置き換えた状態（「仮名化」された状態）とほぼ同然であって、データを再識別化することは可能であると考えられます。

第二に、ビッグデータの利活用には常につきまとう利用目的の制限について明確な態度が示されていませんでした。つまり、仮名化データとは言っても個人情報である以上、個人情報の取扱いに関する利用目的の制限の原則を遵守する必要があるのです。

ＪＲ東日本は「当社がデータ分析を行うマーケティングサービス」や「データを活用した企業のビジネスサポートサービス」と説明資料では示していました。この説明では利用目的はあらかじめ特定されているとは言えません。また、特定された利用目的のもとに集められた個人情報の二次利用は原則として禁止されています（個人情報保護法一五条、一六条）。

また、経済産業省のガイドラインによると、「単に『事業活動』、『お客様のサービスの向上』等のように抽象的、一般的な内容を利用目的とすることは、できる限り具体的に特定したことにはならない」とされています（経済産業省「個人情報の保護に関する法律についての経済産業分野を対象とするガイドライン」二〇一四年一二月）。ビッグデータの利活用は大量のデータを収集したあとで、利用の方途を検討する場合もありますが、このような個人情報の収集後に勝手に当初の利用目的とは無関係な目的で個人情報を転用することは、利用目的の制限違反の対象となります。

第三に、ビッグデータの利活用を推進したければ、利用者に目に見える形での恩恵を示す必要があります。これは政策論ではありますが、企業が利用者との間の情報保有量の差を利用して、利用者の個人情報をただただ収集するだけでは、多くのビッグデータビジネスは失敗するでしょう。

例えば、Ｓｕｉｃａカードについても、適切な説明のもと、日立製作所への情報提供に同意した利用者にはポイントサービスを提供するなどの措置を講ずるだけでも、利用者からの反発は小さなものになっていたかもしれません。企業と利用者との間の情報保有量の差に付け込むようなビッグデータを利用した情報の搾取や独占に対して、利用者が反発や不安を感じるのはもっともなことでしょう。

海外の事例にも参考になるものがあります。鉄道会社のＩＣカードのデータを第三者に提供して問題となったのは日本だけではありません。

香港では、鉄道のICカードの情報がパートナー企業に売却されていたことが明らかになり、利用者が反発した事件が起きました。二〇一〇年一〇月、プライバシー保護の監督機関である香港プライバシー・コミッショナーは、あらかじめ定められていた利用目的を超えてダイレクトマーケティング目的で鉄道のICカードの個人情報が転用されている点を、利用目的の制限違反であると認定しました。この事件の後、ダイレクトマーケティング目的の個人情報の転用を制限するため、香港の個人データ保護条例が改正されました。ビッグデータの利活用では、データの本来の目的を超えた二次利用がやはり問題とされてきています。

JR東日本は、「利用者への配慮が不足していたことを大いに反省する」ことを謙虚に認めつつ、改正された個人情報保護法に基づき公益利用を目的としたビッグデータの利活用を推進することを目標としています。Suicaカードの事例は、個人情報保護法上、何が問題で何が問題でないかを考えるにあたり、他の企業にとってもビッグデータビジネスの参考事例となるでしょう（「Suicaに関するデータの社外への提供について　とりまとめ」二〇一五年一〇月）。

ベネッセ個人情報漏えい事件

次に、第一章でも触れたベネッセコーポレーションの事件を例にとって個人情報保護法との関連で問題を整理してみましょう。詳細は第一章で紹介した通りですが、この事件は、顧客から個人情報が社外に漏えいしているという指摘を受け、社内調査の結果、二〇一四年七月、データベースから大量の個人情報が社外に不正に持ち出されていた事実が発覚したというものでした。業務委託先の元社員が不正に持ち出した個人情報の数は、約四八五八万人分に及び、この情報は名簿業者三社へ売却されていました。

これを受けて、経済産業省より個人情報保護法に基づく勧告がベネッセになされ、委託先を含め個人情報保護の実施体制を明確化するなどの改善報告書をベネッセコーポレーションは提出しました。それまで一定の個人情報保護の水準を満たす体制にあるとして認証を受けていたプライバシーマークの取消も行なわれました（その後二〇一六年一一月に再申請によりプライバシーマークが認められています）。問題点は次の三つです。

第一に、この漏えい事件で問題とされたのが名簿業者でした。名簿業者の実態と、名簿の売買それ自体は法律上は、違法な行為とは言えないということは、第一章で説明した通りです。

これは、どのような名簿の流用が悪であるかはただちに判断できないため、これまで規制をすることができなかったというのが第一の問題です。

第二に、委託先に対する監督責任です。業務委託を行なう場合、個人情報の安全管理措置の責任は委託元にあります。実際、ベネッセ事件のあった二〇一四年度には、三三八件の個人情報漏えい事案が公表され、そのうち三五・八パーセントにあたる一二一件が委託先からの漏えいとなっています。

企業が個人情報を取扱う場合、個人情報の処理や管理については業務を外部に委託するのが一般的です。そのため企業としては、ひとたび手元にある個人情報を委託してしまえば、企業としての責任が回避できたように思いがちです。しかし、顧客からしてみれば、あくまでその企業に個人情報をあずけているのであって、委託先での漏えいについても委託元の企業に責任があることになります。

ベネッセ事件は委託先の元社員による漏えいという特殊な事情もありますが、内部犯行についても、この事件を受けて改訂された「組織における内部不正防止ガイドライン」（独立行政法人情報処理推進機構、二〇一五年三月改訂）などを参考にして対策をとることが求められています。

また、ベネッセでは、この事件の後、外部から情報セキュリティの専門家を呼び、内部統制・監査の責任者であるＣＬＯ（最高法務責任者）を設置した他、情報セキュリティマネジメントの国際認証ＩＳＯ２７００１を取得するなど先進的な取り組みも見られます。個人情報の保護は会社の経営に直結する問題であるため、取締役などの役員クラスに個人情報保護の専門家を配置するというのは、欧米の大企業では当たり前のことでしたが、日本の企業でも見られるようになってきました。

第三に、被害者に対する対応の問題があげられます。この件で、ベネッセは名簿業者に個人情報が漏えいした被害者に対し、五〇〇円分の金券をお詫《わ》び品として送付しました。確かにベネッセの対応は誠実なものでしたが、一般的にこれまでの裁判例を見る限り、単純な個人情報の漏えい事案において賠償金額は五〇〇〇円から一万円というのが相場となっています。そのため、被害者による集団訴訟が提起されており、追加の賠償金を支払う可能性があります。

なお、日本の個人情報保護法では漏えいした際に被害者を救済する仕組みが明確には存在していません。あるとしても、漏えいした企業に対して関係省庁（二〇一七年五月三〇日以降は個人情報保護委員会）が報告書を提出させたり、勧告をするという仕組みが存在するだけです。さらに、ベネッセ事件で内部犯行を行なったこの元社員に対しては、営業秘密を持ち出したということで不正競争防止法によって有罪判決が下されました。改正前の個人情報保護法では、直接罰が存在せず、省庁の命令にも従わない悪質な犯行のみが刑罰の対象となっていましたが、施行後一〇年間で罰則が科された事業者は一件もありませんでした。

二〇一五年個人情報保護法の改正

ここまで、二〇一五年の個人情報保護法改正の議論の過程で生じた象徴的な事件について見てきました。

さて、法改正のポイントについては次の六点にまとめることができます。

(1) 個人情報の定義の明確化

顔認証カメラのケースでも問題となりましたが、特定の個人の身体の一部の特徴をコンピュータで変換した符号で、特定の個人を識別することができる場合は、「個人識別符号」として新たに保護の対象に入れることになりました。この他に、本人の人種、信条、社会的身分、病歴、犯罪の経歴、犯罪により害を被った事実、その他本人に対する不当な差別、偏見その他の取扱いに特に配慮を要する情報が「要配慮個人情報」、いわゆるセンシティブ情報として明記されるなど、個人情報の定義が明確化されました。

（2）「匿名加工情報」概念の導入

適切な規律の下で個人情報の有用性を確保する規定の中で「匿名加工情報」という新たな概念が設けられました。個人情報に含まれる記述などの一部を削除すること、または個人情報に含まれる個人識別符号の全部を削除することによって、特定の個人を識別することができないように加工し、かつ個人情報を復元することができないようにしたものが匿名加工情報と呼ばれます。

ここでのポイントは「復元することができないようにしたもの」ですが、個人情報を加工して、技術的に復元することができないようにした場合であっても、統計情報のような抽象的な情報に限定しなければ、復元されてしまうリスクが生じます。Ｓｕｉｃａカード事件でも問題となりましたが、企業のビッグデータビジネスを推進するためには、どのような場合に限り匿名加工情報を利用できるのか、今後、最善の方策を集約していくことが重要となります。

（3）個人情報を第三者に提供する場合の確認と記録の作成を義務化

これは、個人情報の流通の適正さを確保するための規定です。ベネッセ事件を受けて、個人情報を第三者に提供する場合の確認と記録の作成を義務化したのです。今後、個人データを第三者に提供する場合、個人データを提供した年月日、第三者の氏名・名称などの記録を作成し、また第三者から個人データの提供を受ける場合にも、取得の経緯などを確認した上で、個人データの提供を受けた年月日などの記録を作成しなければならなくなりました。

さらに、名簿業者対策として、企業が事後的な申し出による提供の停止であるオプトアウトを利用する場合、個人情報保護委員会への届出をすることとされました。また、この他に、やはりベネッセ事件を受けて、「不正な利益を図る目的による個人情報データベース等提供罪」が新設されました。

(4) 個人情報保護委員会の新設

今回の法改正で最も重要な項目が個人情報保護委員会の新設です。これまで日本では個人情報の取扱いに関する独立した権限を有する専門組織がありませんでした。海外ではEUを中心に、アジア、南米、アフリカにおいて独立した個人情報の監督機関が設置されています。

諸外国の例を見ると、この独立した個人情報の監督機関は、本来、消費者からの苦情を直接受け付け、違法な個人情報の取扱いを是正し、ときに制裁金を科したりすることができます。

日本の新たな委員会に立ち入り検査の権限が付与されており、違法な個人情報の取扱いをしている企業に勧告や命令を行なうことができます。一方、法律上の権限に、消費者からの苦情を直接受け付けることは明記されていませんが、このような消費者の救済措置の法制化も今後期待される役割の一つです。

(5) 外国にある企業への個人データの提供に関して、本人の同意なしの移転を禁止

これは個人情報の取扱いのグローバル化に伴う法改正で、外国にある企業への個人データの提供に関して、日本と同等の水準にあると認められる外国や個人情報保護委員会の規則で定める基準に適合する体制を整備している企業を除き、あらかじめ本人の同意なしには移転が禁止されることになりました。

(6) 本人の開示、訂正などの求めは請求権としての性格を有する

従来の個人情報保護法制の下でも開示などの権利性が認められていましたが、解釈の明確化の観点から本人の開示、訂正などの求めは請求権としての性格を有することが確認されました。ただし、これらの開示などに関する規定は、「第四章　個人情報取扱事業者の義務等」の中で規定されて事業者の「義務」とされており、依然として権利という言葉が用いられていません。

この他にも、小規模事業者（保有する個人情報の数が五〇〇〇以下の事業者）にも個人情報保護法が適用されることになったこと、利用する必要がなくなった個人情報の消去に努める旨の規定、利用目的の変更について変更前の目的と相当の関連性があると合理的に認められなければ変更できないことを意味する「相当の」という言葉が削除されたことなどの法改正がされています。

これらの法改正は、二〇一七年五月三〇日に施行されることとなります。個人情報保護委員会が公表したガイドラインを参照しつつ、個々の企業では対策を行なっていく必要があります。

個人情報保護法については、様々な利害関係がからみあっているため、法改正が容易ではありません。しかし、今回ビッグデータの利活用を狙《ねら》いとしつつ、個人情報の保護に関する新たな規定を設けたことは評価できると思います。

日本の個人情報保護法制に不足しているもの

さて、二〇一五年の個人情報保護法の改正は、おそらく今後も続く法改正の中の一つの過程であると思います。日々進化する新たな技術に対応するため、個人情報に関する法律も変化し続けなければなりません。

その際に、日本の法制度が国際的整合性をとれているかどうかも一つの重要な基準となります。ここでは、国際的な潮流の中で今回の日本の法改正で不足している点について三点ほど指摘します。

(1) プロファイリングへの規制がない

古典的な漏えいもそうですが、特にビッグデータの時代にそれ以上に個人情報への脅威となるのが、すでに触れているプロファイリングです。

政府が法改正の過程で公表した「パーソナルデータの利活用に関する制度改正大綱」(高度情報通信ネットワーク社会推進戦略本部、二〇一四年六月二四日)には、継続的な検討課題の一つにプロファイリングがあげられていました。プロファイリングによる個人の権利・利益の侵害を抑止するために必要な対応策についても、継続して検討するべき課題として位置付けられています。

本来、ビッグデータは大量のデータから特定の個人像をあぶり出す分析を行ない、その個人の特性を予測することを特徴としています。先に述べた通り、このプロファイリングの過程で、特定の個人の「負の影響を及ぼしうる分析結果」に基づいた差別的取扱いを防止することが重要となってきます。

アメリカでは、インターネットの台頭に伴い、二〇〇〇年六月の時点で、インターネット広告におけるオンライン・プロファイリングの問題が連邦議会で取り上げられました（Federal Trade Commission, Online Profiling : A Report to Congress, June 2000）。その後、特に雇用や教育における遺伝子検査の結果に基づく差別的取扱いを排除するため、アメリカでは遺伝子情報差別禁止法が二〇〇八年に成立しています。

それから、ＥＵでは、二〇一六年五月に公布されたＥＵデータ保護規則において、「プロファイリングされない権利」が正面から条文として明記されるにいたっています。一定の個人の特性を評価するための個人データ、特にその自然人の仕事の成績、経済状況、健康、個人的選好、興味、信頼度、行動、位置もしくは移動に関する特性を分析または予測するための個人データの利用については、明示の同意などがなければ禁止されています。また、コンピュータの自動処理に対する「人間の介入を認める権利」も明記され、コンピュータが個人像をはじき出すことに抵抗する姿勢がうかがえます。

日本では、今回の個人情報保護法の改正においてもこのようなプロファイリングを規制するような条文が入りませんでしたので、企業は個人情報を利用して人を差別したり偏見をもたらすような可能性があるだけでは規制の対象となりません。配慮を要する個人情報の規制を除けば、日本では企業が個人像を浮き彫りにするためのビッグデータの利活用が制限されない状況です。諸外国の動向を踏まえ、古典的な漏えい対策の議論ばかりでなく、ビッグデータの時代に対応したプロファイリングの規制についても真剣に考えていく必要があると思います。

(2) 漏えい事実の消費者への通知義務がない

国際的潮流から見た場合、二〇一五年法改正では足りない部分として、個人情報の漏えい時の監督機関と消費者への通知義務があります。個人情報の漏えいは人間が完璧ではない以上、必ず起きてしまうものです。実際、個人情報保護法が二〇〇五年に全面施行されてから、漏えい事案の件数は年々減少していますが、それでも一年間に約三〇〇〇件生じています(図表参照)。そのため、問題となるのは漏えい後の対応です。

アメリカのほとんどの州とEUでは、漏えいした場合の監督機関と消費者への通知義務を法律で義務付けています。例えば、EUデータ保護規則では、漏えいが発覚したときから原則と

図表11　個人情報の苦情相談件数と漏えい事案件数（民間部門）

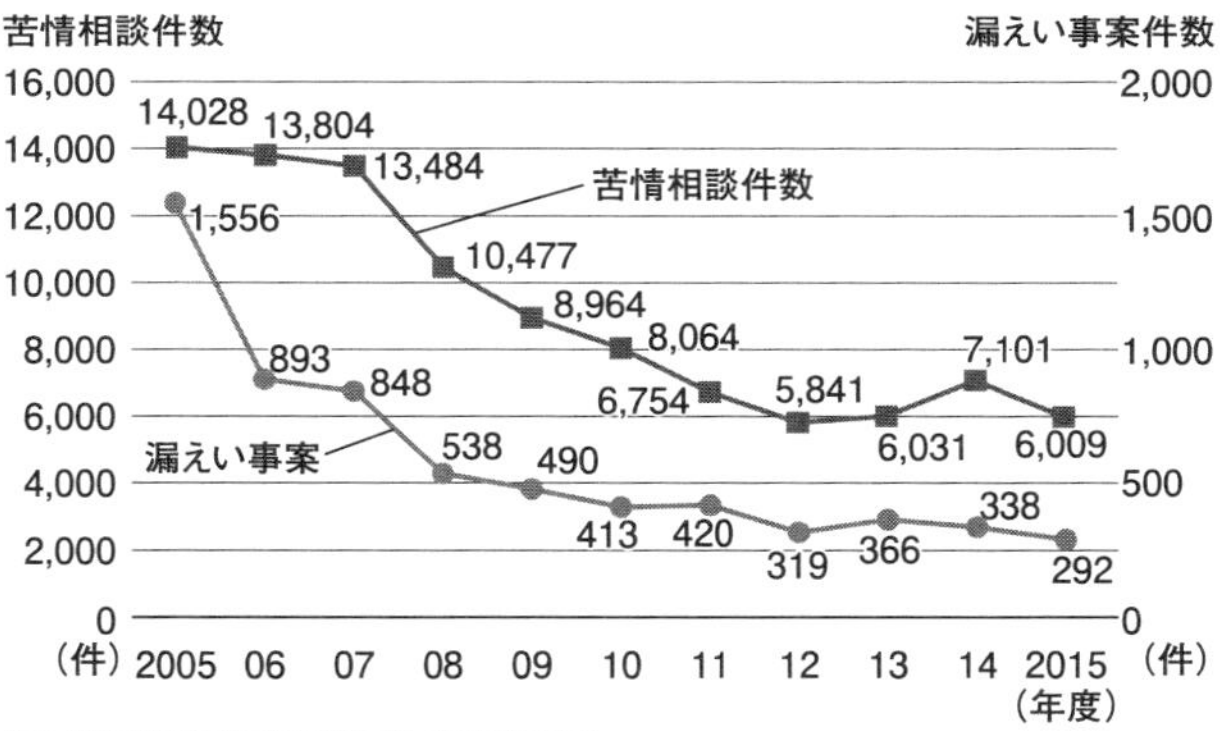

個人情報保護委員会資料に基づき著者作成

して七二時間以内に監督機関への通知を義務付けています。この制度はすでにフランスやイギリスでも実施されています。そして、EUデータ保護規則の通知義務に違反した場合、全世界での年間総売上の二パーセントまたは一〇〇〇万ユーロ（約一二億円）の制裁金が科されることとなります。

このように企業のレピュテーション（評判）のリスクの観点から、漏えいの事実を隠ぺいすることを防止するため、漏えいした場合の通知を義務付け、二次被害の防止に役立てようとする厳しい仕組みが採用されました。

日本では、個人情報が漏えいした場合についての法律上の規定はありません。個人情報保護に関する基本方針や各省庁が示すガイドラインにおいて漏えい後の対応について指針が示されているに留まり、通知の期限なども定められていません。日本流の〝正直なビジネスモデル〟によってこれまで個人情報の漏えい事案については、一般的に企業側が誠意ある対応をしてきたと考えられます。

しかし、漏えいの事実をただ公表するだけでは、かえって多くの消費者の不安をあおることになりかねません。ですから、一定数の個人情報の漏えい事案が起きた場合、欧米の制度にならい、例えば三日以内に被害者に通知する仕組みを検討することが望ましいと考えています。なお、金融庁のガイドラインでは、金融機関を対象としてすでに行なわれているような、漏えいの原因、被害者数などをまとめた書式を提出させるというガイドラインの運用が行なわれてきたことを言い添えます。

さらに、ベネッセが事件後に外部の情報セキュリティ専門家を役員クラスで招聘《しょうへい》した例のように、企業内部に情報漏えいや不正利用をチェックするための専門家を役員クラスで据え、対応することも今後重要となるでしょう。ＥＵデータ保護規則では、企業の最高経営責任者に直接進言することができる、独立した地位にある個人データ保護担当者を配置することを義務付けており、ＥＵに進出している日本のグローバル企業にもこの担当者を配置しない場合、制裁金を科すという規定が見られます。

などによって被害を受けた消費者の救済の仕組みです。

（3）被害救済の仕組みの不在

今回の法改正で議論にすらならなかった大事な論点があります。それは、個人情報の漏えいなどによって被害を受けた消費者の救済の仕組みです。

改正個人情報保護法案の審議過程において、二〇一五年六月に日本年金機構による約一二五万件の個人情報の漏えい事案が公表されました。国会でも漏えいの被害者が詐欺などの二次被害にあった場合について、政府として補償は考えていないことが答弁されました。すなわち、現状の個人情報保護法制の下では、漏えいなどの被害にあっても、救済措置の規定がないため、被害者は自ら裁判を提起するか、泣き寝入りするかのいずれかしかないのです。

また、先ほども述べた通り個人情報保護法が二〇〇五年に全面施行されてから、これまで個人情報保護法違反を理由に刑事罰を科せられた企業は一社もありません。個人情報を漏えいした場合も、企業に対して監督官庁の大臣が報告書の提出を求めたり、場合によって指導や勧告をする、というところで終わっています。確かに、刑事罰を科すほどの悪質な事例がなかったとも言えるかもしれませんが、漏えいの被害にあった消費者の救済について行政から積極的に手を差し伸べるような仕組みはありません。

救済措置がないことは、日本の個人情報保護制度の根幹に関わる問題です。日本の個人情報保護法は、事業者の義務の規定を列挙するばかりで、消費者の権利に関する直接の規定がありません。

開示などの規定も、法律の「第四章　個人情報取扱事業者の義務等」の中に規定されています。そのため、事業者が違反をすれば、それに対する個人情報保護委員会などによる勧告や命令などの措置が行なわれます。しかし、消費者の権利が明文化されていない以上、権利侵害をしているか否かも明らかにされず、救済がされないままの状態となっています。

日本の個人情報保護法制は、消費者などの権利利益の保護というよりも、むしろ事業者などの取り締まり法規としての性格が強くなっています。本来、「権利の章典」であるはずの個人情報保護法制が、「義務の章典」となってしまっています。

確かに、日本では個人情報保護を権利問題として捉えるよりも、事業者の義務の問題として位置付けた方が、運用においては遵守されやすいのかもしれません。しかし、このままでは個人情報の漏えいなどによって権利利益が侵害された場合の、被害者の権利救済の仕組みが弱いものとなってしまいます。

この問題に関して、筆者は、個人情報保護委員会に対し、調査権限を行使するに際して、消費者の救済ができるように、例えばベネッセ事件においては損害賠償訴訟の支援や、違反事例では個人情報の利用の差止請求ができるよう、権限を付与するべきだと考えています。そして、もちろん個人情報を理由とした濫訴《らんそ》には注意が必要ですが、プライバシー侵害に対処してきたアメリカの集団訴訟とEUの監督機関の良い点を参考にして制度を創設すべきです。そしてその場合は、個人情報保護委員会の権限は、あくまで消費者の権利保護を基本に制定することが望ましいと考えています。

法改正の哲学を問う

今回の法改正の目玉の一つであった「個人情報の定義の明確化」と「匿名加工情報の導入」は、護《まも》るべき権利利益が明らかにならないと定まらないように思われます。しかし、今回の法改正では、護るべき権利利益が何であるかが明確にされないまま、個人情報の概念整理が自己目的化されてしまった感が否めません。

執行制度は行政機関が第一次的責任を負うこととされているものの、本来、個人情報保護法制は、プライバシー権を保障する憲法と人格権を保障する民法から生まれたものです。法改正には当然、憲法や民法に遡《さかのぼ》って議論が尽くされる必要があります。しかし、今回の法改正においては時間的制約もありプライバシー権や人格権との関係について触れられた形跡はありません。

特にビッグデータの時代では、個人情報を利活用する企業側は個人情報を財産的価値として見る傾向があります。これに対して、個人情報が使われる消費者・ユーザー側は、一般的に個人情報を人格的価値として見なしている点で、両者には距離が存在します。

個人情報の利活用側と保護側においてプライバシー権の位置付けについて距離が存在する限り、法律でどれほど精緻《せいち》な定義をしても、個人情報の利活用とプライバシーの調和は困難となり、個人情報の利活用の推進施策にも支障が出てくるように思われます。

「過剰反応」という現象が意味していたもの

筆者がこのようにプライバシーを考えるにあたり、単なる法律論では不十分だと思ったきっかけは「過剰反応」という問題に直面したからです。

個人情報保護法が二〇〇五年四月に全面施行されて以降、同窓会や町内会の名簿がなくなった、学校で緊急連絡網が作られなくなった、災害時に避難支援を必要とする人の情報が自治体から民生委員や自主防災組織に出されなくなった、といった声を自治体、民生委員、学校関係者から実際に多く聞きました。欧米では、日本で見られるような「過剰反応」は起きていません。

例えば、施行されて間もなく、JR福知山線の脱線事故が起き、病院に運ばれた負傷者について家族が病院に問い合わせを行なっても、個人情報保護を理由に面会ができなかった事例がありました。

ですがこの法律はこのようなことをすべて禁止しているわけではありません。個人情報保護法が施行されて以降、法の定め以上に個人情報を保護し、有用な個人情報の利用を控えるといった現象が見られてきました。これに伴い、個人情報保護法は、「地域の絆《きずな》を破壊する法律」、また「公務員の不祥事を隠ぺいする法律」といった誤解を受けてきました。

こうした「過剰反応」が映し出したのは、日本人の多くが考えるプライバシーと法律が守るべき個人情報との間の相当なギャップなのではないか、と考えるようになりました。つまり、同窓会名簿や学校の連絡網は多くの人にとっては別にプライバシー権の侵害であるとまでは考えられていないと思います。ところが、個人情報と聞くと、自動的に保護しなければならない、と考えてしまい、同窓会名簿も学校の連絡網も作るのを中止する、という「過剰反応」を招いてしまったように考えています。

結局のところ、プライバシーそのものは私たちの感情の一部をなしているようなもので、定義付けが難しいので、どれだけ法律が精緻な定義をしても、私たちの心にあるプライバシー観とそれが合致しなければ、個人情報保護法の基盤が崩れてしまうのです。

マイナンバー制度をめぐる状況

二〇一六年一月、いわゆるマイナンバー法（行政手続における特定の個人を識別するための番号の利用等に関する法律）が本格的な運用を開始しました。すべての国民に対し通知カードが配布され、一二桁《けた》の個人番号が付番されました。

現在多く指摘されているデメリットや課題についてはあとで詳しく触れますが、マイナンバー制度は本来、行政運営の効率化、公正な給付と負担の確保、そして国民の行政手続の利便性向上を主な目的として掲げています。マイナンバー制度の対象となるのは社会保障・税・災害対策の三分野で、確定申告の情報や年金給付の情報などが含まれます。

マイナンバー制度のメリットは、主に次の二点にあります。

第一に、個人番号の利用により、税と社会保障の公平性が促進されると考えられます。オンライン化された約五〇〇〇万件にのぼる年金記録にミスや不備があった「消えた年金記録」問題は記憶に新しい出来事です。マイナンバー制度により、氏名と生年月日などに基づく突き合わせなど、これまでのような手作業による行政負担は改善されます。二重申告や生活保護の不正受給の防止などが可能となり、個人番号の管理によって正確性と効率性が担保されることとなるわけです。

第二に、二〇一七年からは「マイナポータル」というサイトを通じて自らの税や年金に関する情報の確認が可能となる計画です。これにより行政が自分のどんな情報を保有しているか知ることができるとされています。インターネットが利用できない者には、任意代理が認められ、社会保険労務士や税理士に社会保障や税の手続を委任することもできます。さらに、年金・失業保険申請時の添付書類も不要となり、この面では国民の負担も軽減されることとなります。

何が問題なのか？　マイナンバー制度とプライバシー保護

通知カードの配布を直前に控えた二〇一五年九月の内閣府世論調査では、マイナンバー制度を知っている者は依然として四三パーセントに留まり、プライバシー侵害（三四パーセント）や不正利用（三八パーセント）への懸念も払拭されていませんでした。

そこで、マイナンバー制度について、漠然とプライバシー漏えいの不安を抱くのではなく、何がプライバシー保護の観点から問題となりうるかについて冷静に考えてみましょう。

第一に、マイナンバー制度についてしばしば指摘される問題点の一つが、個人情報の漏えいです。確かに、マイナンバーから引き出すことができる情報は、納税情報や障害に関する情報であるため、機微情報にも相当するような情報です。二〇一三年に愛知県江南市で、元職員が住基ネットから個人情報を入手し別人の確定申告書を偽造した事件が起こりました。このようにマイナンバーを取扱う職員が不正を働くと個人情報の漏えいの危険があります。

他方で、一二桁のマイナンバーはそれ自体が漏えいしても、そこから本人の個人情報がただちに漏えいすることはありません。一二桁の通知カードだけでは本人確認の公的証明書としても使うことができません。

さらに、あまり周知されていませんが、情報の管理については、マイナンバー制度により新たに国民の膨大な量の個人情報が一つのデータベースに集約されるわけでもありません。個人情報の管理は依然としてそれぞれの役所で行なわれます。個々の行政手続の際に必要な情報だけをマイナンバーという鍵（各機関は別の符号）を用いて引き出すという分散管理の仕組みが採られています。そのため、マイナンバーが知られたからといって、国民の納税情報や年金記録などがすべて芋づる式に流出することはありません。

ただし、注意しなければならないのは、自治体の窓口で申請した顔写真付きの身分証明書としての「個人番号カード」です。このカードは、身分証明書にもなりますし、各種行政手続の申請でも利用することができますし、また自宅のパソコンからマイナポータルを通じて情報の確認や申請を行なうことができます。なお、現行の制度では、個人番号カードを紛失し悪用のおそれが生じた場合、自治体で番号の変更を請求することができます。

第二に、自治体による個人番号カードの利用に関する問題です。自治体によって、住民票の写しをコンビニで取得可能にする場合や、公的施設の予約に個人番号カードを利用する、という程度のサービスの違いであればプライバシーへの影響はほとんどなく、国民の利便性の向上につながります。

しかし、一七〇〇を超える自治体にはそれぞれ個人情報保護条例があり、それぞれ異なる規定があります。自治体によっては、母子健康情報サービスについて個人番号カードを利用したり、二〇一六年二月から開かれている、個人番号カードのＩＣチップの空き容量を利用したマイキープラットフォームによる地域活性化方策検討会では、商店街のポイントサービスに利用するといった計画が見られます。

商品の購入履歴はどのように管理されるべきかについても慎重な検討が必要です。また、いわゆるツタヤ図書館のように、自治体が民間の事業者に委託した図書館業務についても個人番号カードが使われると、利用者の思想や信条が浮き彫りにされてしまうため、図書の貸し出し履歴の取扱いについては問題となります。

自治体においてICT技術を駆使して、独自の地域活性化政策を推進することは歓迎すべきことですが、それぞれの自治体によって異なる条例がある中で、個人番号カードがそれぞれ異なる形式で利用されることは、プライバシー保護の観点から今後大きな問題となっていきそうです。

第三に、マイナンバー制度の最大のリスクであるデータマッチングによるプロファイリングの危険性についての対策が必要となります。

例えば、マイナンバーによって、納税情報と預金情報の二つが結び付くだけで、その人物の新たな側面がわかります。つまり、年間に稼いだ額と預金の額がわかれば、その差額からその人の年間の消費額がわかります。その人物の個人情報を見るだけで、その人が節約家なのか浪費家なのかといった人物像が浮かび上がってくることとなります。

プロファイリングを正面から禁止した規定はありませんが、いわゆるマイナンバー法は、これまでの個人情報保護関連法に比べて、不正な収集・利用などにつき四年以下の懲役、二〇〇万円以下の罰金という重い刑罰を規定しています。マイナンバーの処理を委託する企業が多く見られますが、その委託を受けた管理会社と自治体職員との間で不正な利用が行なわれれば、大量の個人情報が漏えいする可能性もあります。本来の目的外の不正利用は厳しくチェックできるよう個人情報保護委員会の監視が期待されます。

以上の三点についてプライバシー保護の観点からは留意する必要がありますが、マイナンバー制度が今後どのように拡大運用されていくかにもよります。二〇一五年一〇月—二〇一六年三月のマイナンバー法施行状況を見てみると、マイナンバー法違反の事案として八三件が報告され、うち漏えいしたマイナンバーに係る本人の数が一〇〇人を超える重大な事態に該当したものが二件ありました。個人情報保護委員会による注意喚起などは四件行なわれ、例えば、インターネット上において、占いやクレジットカードなどのチェック番号の確認ができると謳ってマイナンバーの入力を求めるウェブサイトが確認されたため、注意喚起文掲載などを行なってきました。また、二〇一六年一二月には、上司の女性のマイナンバーを社内ネットワークを通じ不正取得したとして、元情報技術会社社員に対し罰金三〇万円が科された事例もあります。

マイナンバー制度の今後の課題

二〇一六年一月から交付の始まった個人番号カードの交付枚数は、一年間で約九八三万枚、人口の約八パーセントに留まっています。住民基本台帳カードの配布は約九二〇万枚（二〇一五〈平成二七〉年三月時点）で、この数を少し上回るだけですので、国民の間で個人番号カードを取得するメリットが感じられていないと言うことができるでしょう。マイナンバー制度の初期費用に二七〇〇億円がかかったと報道されましたが、ITハコモノとならぬよう、行政サービスの向上が要求されます。

イギリスでは二〇〇六年から開始された国民IDカード制度が、人権侵害的かつコストに見合わない制度であることから、二〇一〇年の政権交代を機に廃止された経緯もあります。いずれにしても、まだ運用が始まったばかりの制度ですので、今後の運用とプライバシー保護の施策を注視していく必要があると思います。

また、政府ではマイナンバー制度の今後の運用について検討が進められています。税、社会保障、災害対策の分野における行政手続に限定されていましたが、二〇一五年九月の法改正により、あくまで任意ではあるものの預貯金口座、さらにメタボ検診情報の管理と予防接種履歴についても新たな対象として拡大しました。また、医療分野については、マイナンバー制度のインフラを最大限活用して、医療などの分野に特化したＩＤを導入する方向で検討が進められています。

さらに、いわゆるマイナンバー法の附則第六条四項には、「民間における活用を視野に入れて」という言葉が入り、民間における個人番号カードの活用策が今後検討されていくことになります。具体的には、オンラインバンキングをはじめ、各種の民間オンライン取引での利用、医療保険のオンライン資格確認を行なうことによる健康保険証としての機能、クレジットカード、キャッシュカードとしての利用についても検討が行なわれていることが示されています（内閣官房「マイナンバー社会保障・税番号制度」よくある質問〈ＦＡＱ〉Ａ７―３、二〇一六年二月回答）。

しかし、現状の混乱を見る限り、やはり制度を造った原点に立ち返り、あくまで税と社会保障を中心とした限定された分野のみでマイナンバー制度の定着を図り、国民からの信頼を得るまでは、その利用範囲を広げるべきではないと思います。このような新たな行政手続をマイナンバー制度に追加するのであれば、その分マッチングできるデータの範囲が広がるため、プライバシー侵害のリスクは高まります。仮に利用範囲を広げるのであれば、少なくとも、その都

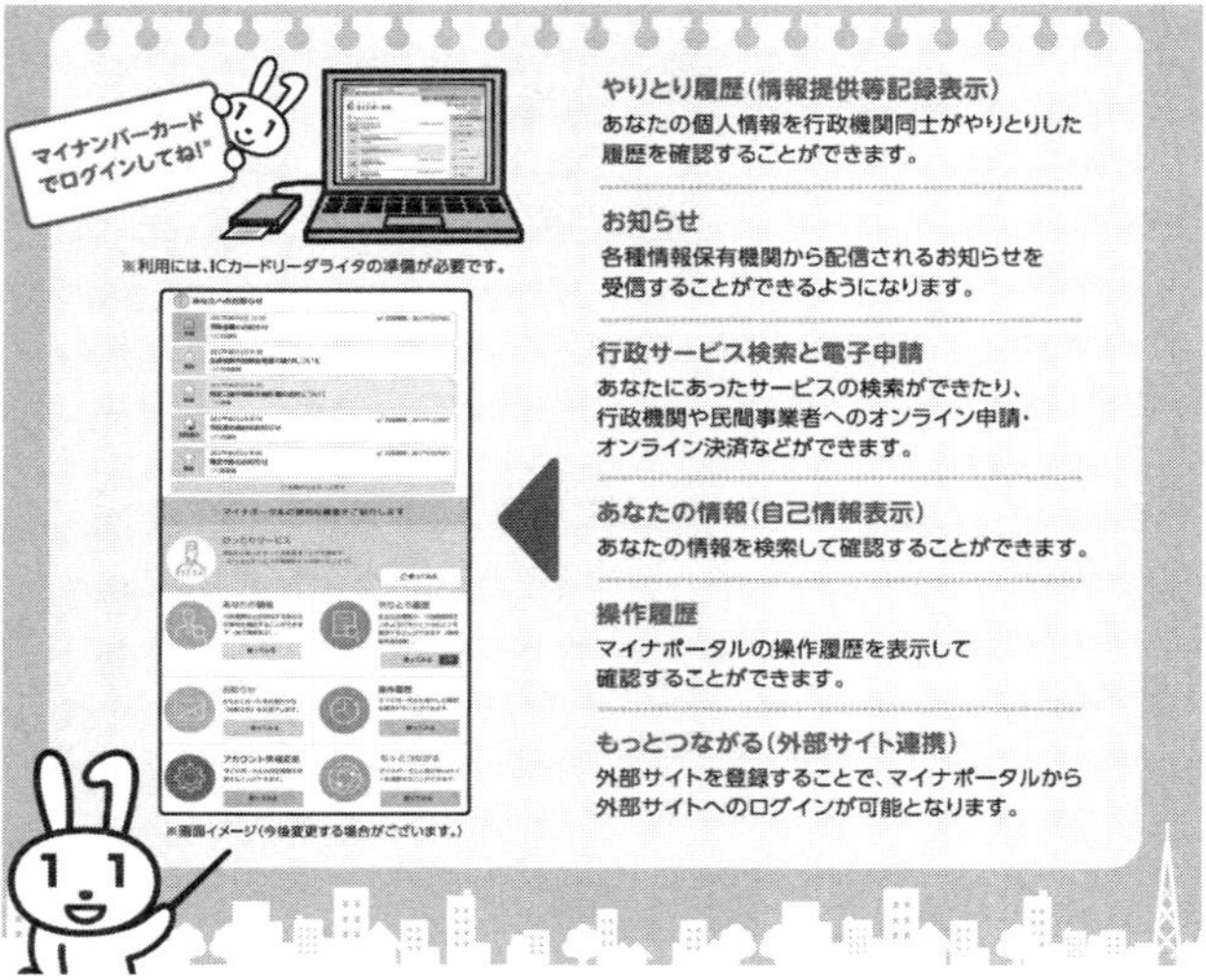

図表12　マイナポータルにより行政サービスの検索や電子申請などが可能となる予定です。マイナポータルにより役所に行かずに行政手続の電子申請ができれば国民にも利便性が見えてきそうです（内閣官房資料より）。
参考リンク　http://www.cas.go.jp/jp/seisaku/bangoseido/pdf/mayna_portal.pdf

度プライバシー侵害のリスクを分析し、そのリスクを除去するチェックの仕組みを入れるべきでしょう。

　また、今後、二〇一七年七月からはマイナポータルの運用も始まる計画があります。マイナポータルはカードリーダーがあれば自宅で年金記録などを確認できる他、公金決済サービスもできる仕組みです。しかし、マイナポータルは、自宅のパソコンを利用しますので、所得納税情報などの漏えいやクレジットカード決済のハッキングなどのリスクもあります。マイナポータル利用での漏えいなどをすべて利用者である国民側の自己責任にして良いものなのか、今後の運用の中で議論になるでしょう。

そして、マイナンバー制度がもたらした「手間」についても改善が必要でしょう。二〇一六年末には支払調書作成のため、会社からあなたの個人番号を教えてください、という連絡があったと思います。複数から支払いを受けた方は、それぞれ異なる様式に対応しているのが実態です。筆者も、各社の原稿料支払い手続のため、ある出版社には指定箇所にＡ４コピーをとって書留で送付したり、別の出版社には直接台紙にコピーしてレターパックで送ったり、別々の時期にその対応をお願いされ、「手間」をかけることとなりました。また、中小企業では、個人番号を取扱っているにもかかわらず、プライバシーマークを取得していない場合もあり、情報管理に不安があります。行政のＩＣＴ化を進めることを目的としたマイナンバー制度において、逆に個人番号カードや通知カードと身分証明書をコピーして支払先に送付するというペーパーワークが増えてしまったとは、なんとも皮肉な話です。国民の「手間」をなくせるよう、今後、マイナンバー制度の不十分な点の改善が望まれます。

いずれにしても、年金の公正な管理などを考えればマイナンバー制度の本来のメリットは国民の生活向上に役立つものですし、国民の各種の情報を一元一括管理して把握しようという

「国民総背番号制」というようなものではないのです。ただし、現状はこれまで見た通り自治体が不用意に様々な情報とリンクさせようとするなど多くの問題、課題があります。また、制度運用における準備不足があったことは確かですから、不備を修正しながらいかにデメリットを減らすか、リスクを管理し、削減するかという制度設計の議論が大事なのです。

ドローンとプライバシー

新たな技術はプライバシーへの新しい脅威をもたらします。二〇一六年一二月に成立した「官民データ活用推進基本法」には、本書でもすでに何度か触れた、いわゆるモノのインターネットと呼ばれる、「インターネット・オブ・シングス活用関連技術」が明記されました。これは「インターネットに多様かつ多数の物が接続されて、それらの物から送信され、又はそれらの物に送信される大量の情報の活用に関する技術」のことで今、大きな関心を集めています。

モノのインターネットの中でもすでに多くの読者もご存じであろう「ドローン」は特に、プライバシー保護との関連で日本でも議論されてきました。無人の小型飛行機「ドローン」は、カメラ付きで、昆虫サイズからジェット機サイズまであります。数万円程度で購入できるドローンもあり、〝空飛ぶ新技術〟として、離島への物資輸送、沿岸警備、農家の収穫時期判断のための撮影など、企業も個人も利用できる、新たなモノのインターネットとして今後活躍しそうなツールです。

しかし、二〇一五年四月二二日に内閣総理大臣官邸屋上にドローンが落下した事件が起きました。これを受けて、二〇一六年三月には、国会議事堂、内閣総理大臣官邸その他の国の重要な施設などの上空における小型無人機の飛行禁止法が成立しました。概要としては、ドローンを飛行させる際には、場所を問わず、日中に目視範囲内で無人飛行機とその周辺を常時監視しながら飛行させることなどが条件とされています。

これが個人情報保護法制の下では、どんな問題となるのでしょうか。個人情報保護法では、不正な手段を用いた個人情報の取得は禁止されています。ですから、正当な理由なく上空から人の私生活を監視したり継続的に追跡することは、不正な手段による情報収集に該当し、同法の規制の対象になるのです。

さらに、二〇一五年九月には、総務省の「『ドローン』による撮影映像等のインターネット上での取扱いに係るガイドライン」が公表されました。ドローンにより映像などを撮影し、インターネットで公開する場合には、①住宅地にカメラを向けないようにするなど撮影態様に配慮すること、②プライバシー侵害の可能性がある撮影映像などにぼかしを入れるなどの配慮をすること、③撮影映像などをインターネット上で公開するサービスを提供する電気通信事業者においては、削除依頼への対応を適切に行なうことが示されています。ガイドラインですので、直接の罰則規定はありませんが、ドローンの購入の条件として明示するなどの徹底が図られるべきでしょう。

権利としてのプライバシー

ここまで日本における個人情報保護法制を中心にプライバシーをめぐる諸課題について見てきました。この項では日本のプライバシー保護の法制度について考察してみたいと思います。

日本のプライバシー権の幕開けは、三島由紀夫の小説『宴のあと』の中で、仮名を用いた人物の私事が公開されたことがプライバシー侵害となるかが争われた事件です。小説の主人公の私生活の描写がモデルの私生活を敷き写しにした事案で、夫婦間に起こった出来事などが含まれていました。当時、プライバシーという言葉が注目されつつある時代において、東京地裁は、一九六四年九月二八日「いわゆるプライバシー権は私生活をみだりに公開されないという法的保障ないし権利として理解される」としてプライバシー権を承認しました。

「個人の尊厳という思想は、相互の人格が尊重され、不当な干渉から自我が保護されることによってはじめて確実なものとなるのであつて、そのためには、正当な理由がなく他人の私事を公開することが許されてはならない」と、プライバシーを権利として認める理由についても判決文は述べています。

そして、プライバシーの侵害に対して法的な救済が与えられるためには、公開された内容が、

① 私生活上の事実または私生活上の事実らしく受け取られるおそれのあることがらであること

② 一般人の感受性を基準にして当該私人の立場に立った場合公開を欲しないであろうと認められることがらであること、換言すれば一般人の感覚を基準として公開されることによって心理的な負担、不安を覚えるであろうと認められることがらであること

③ 一般の人々に未だ知られていないことがらであることを必要とし、このような公開によって当該私人が実際に不快、不安の念を覚えたことを必要とすること

などとされています。

この他のケースでは、プライバシーの利益を含む人格権保護について、例えば、学生のデモ

隊と機動隊がもみ合いとなったところを警察が写真撮影した事案で、最高裁は本件の写真撮影は違法でないものの、「何人も、その承諾なしに、みだりにその容ぼう・姿態を撮影されない自由を有する」（京都府学連事件、一九六九年一二月二四日）ことを明らかにしました。また、弁護士法の規定に基づき市役所に私人の前科犯罪経歴を弁護士会を通じて照会したところ、その私人に前科があるとの回答が市から得られた事案では、その私人がプライバシー侵害を争い、最高裁は「前科等のある者もこれをみだりに公開されないという法律上の保護に値する利益を有する」（前科照会事件、一九八一年四月一四日）と述べ、違法性を認めました。

さらに、北海道知事選に立候補を予定していた人物について、ある雑誌が知事にふさわしくない旨の記事を掲載したため、その候補者が出版の差止めを求める仮処分を申し立てた事案で、最高裁は「人の品性、徳行、名声、信用等の人格的価値について社会から受ける客観的評価である名誉を違法に侵害された者は、損害賠償（民法七一〇条）又は名誉回復のための処分（同法七二三条）を求めることができるほか、人格権としての名誉権に基づき、加害者に対し、現に行われている侵害行為を排除し、又は将来生ずべき侵害を予防するため、侵害行為の差止めを求めることができる」（北方ジャーナル事件、一九八六年六月一一日）と判断し、裁判所が出版差止めを命ずる仮処分命令を発したことは「検閲」に当たらないと示しました。

ちなみに、「プライバシー権」という言葉は、裁判所では必ずしも積極的に用いられてきたわけではありません。最高裁判決で実質的な意味での「プライバシー」という用語が用いられた最初の事案は、一九九五年のいわゆる関西電力事件に対しての判決であると考えられています。これは、会社のある労働者が共産党員であると見なされて、会社がその労働者のロッカー内の私物を写真撮影していたという事件でした。最高裁は、その行為はプライバシーを侵害するものであって、労働者らの人格的利益を侵害するものである、と判示しました。

また、法律でもプライバシーという言葉は避けられてきました。例えば、いわゆるリベンジポルノ法は、性的画像の提供などにより「私生活の平穏」を侵害する行為を処罰の対象と規定していますし、「探偵業の業務の適正化に関する法律」では、探偵業者が「人の生活の平穏」を害するなど個人の権利利益を侵害することがないようにしなければならないことを規定しています。一九七五年の「大都市地域における住宅及び住宅地の供給の促進に関する特別措置法施行規則」における「プライバシーの確保」などごく一部の規則や基準においてプライバシーという言葉が用いられているに留まります。

このような中、プライバシーに関する日本の従来の研究では、アメリカにおける「独りにしておいてもらう権利」としての私生活の平穏への権利を更に発展させて、現代のコンピュータ技術の進展に対処するため、個人が自己に関する情報を、いつ、どのように、また、どの程度他人に伝えるかを自ら決定できる権利としての「自己情報コントロール権」が有力に主張されていくようになりました（例えば、佐藤幸治「プライヴァシーの権利（その公法的側面）の憲法論的考察」「法学論叢」八六巻五号、八七巻六号、一九七〇年）。

しかし、ビッグデータの時代においては、私たちは好むと好まざるとにかかわらず、独りにしておいてもらうことは極めて困難になっています。さらに、自分の個人情報をすべて完全にコントロールすることも非現実的になってきています。ですから、プライバシー権の第一世代である私生活の平穏の権利についても、第二世代の自己情報コントロール権も、ビッグデータの脅威によりその前提が掘り崩されようとしているのです。

このようにビッグデータの時代において伝統的なプライバシー権の理論に揺らぎが見られるようになってきたのです。

統治としてのプライバシー

権利としてのプライバシーが揺らぎを見せる中、プライバシーを保護する統治ないしガバナンスに着目する議論が日本でも見られるようになりました。すなわち、プライバシーを個人の権利と見るのではなく、むしろ社会の情報インフラ整備のための統治ないしガバナンスと見る立場です。

例えば、行政機関による個人情報の収集や利用などの合憲性をめぐり争われた住基ネット訴訟において、最高裁は、「何人も、個人に関する情報をみだりに第三者に開示又は公表されない自由」(二〇〇八年三月六日)を認めましたが、住基ネットそれ自体がこの自由に反するとは判断しませんでした。最高裁は、その理由として、

① システム上の欠陥等により外部から不当にアクセスされるなどして本人確認情報が容易に漏えいする具体的な危険はないこと

② 受領者による本人確認情報の目的外利用又は本人確認情報に関する秘密の漏えい等は、懲戒処分又は刑罰をもって禁止されていること

③ 住基法は、都道府県に本人確認情報の保護に関する審議会を、指定情報処理機関に本人確認情報保護委員会を設置することとして、本人確認情報の適切な取扱いを担保するための制度的措置を講じていること

などをあげています。すなわち、プライバシーを保護するためのシステムは十分であるとし、住基ネットのシステムの統治ないしガバナンスに着目した判断であると見ることができます（山本龍彦「番号制度の憲法問題」「法学教室」三九七号、二〇一三年）。

つまり、この最高裁の住基ネット判決は、権利を侵害しないために、その制度の統治ないしガバナンスをチェックする手法であるとも評価できます。

このような傾向は、近年注目されている「プライバシー・バイ・デザイン」とも通底していると見ることができます。プライバシー・バイ・デザインとは、個人情報を取扱う制度やシステムの初期設計の段階で、プライバシーを侵害しない仕組みを取り入れるという技術です。例えば、防犯カメラの映像に映る人の顔に自動でぼかしを入れ、事後的に必要な部分だけぼかしをとる、といったプライバシー保護に好意的な技術のことを指します。

さらに、近年は、プライバシーへの影響評価を事前に行なうことも奨励されています。すでに紹介した通り、日本のマイナンバー制度では、マイナンバーを取扱う自治体などが事前にプライバシー保護に関する項目チェックを行なう影響評価を実施し、その評価結果を個人情報保護委員会に提出してきました（いわゆるマイナンバー法第二六条、第二七条）。自治体内部におけるマイナンバーの漏えいなどのリスクを分析し、リスクを軽減するための措置を講じ、保護措置が十分であることを自ら宣言するものです。

このように、プライバシーを保護する仕組みは、もっぱら個人の権利論に委ねるのではなく、制度の統治ないしガバナンス論のあり方、制度設計を問い直すこともビッグデータの時代では重要となってきています。

もっとも、このプライバシーの統治論についても、プライバシー・マネジメント・プログラムという制度で企業のビッグデータを縛り付け、さらにどの企業に自らの個人情報を提供するかという個人の自由な選択肢を奪うパターナリスティックな手法であるとする批判も見られます（Daniel J. Solove, Privacy Self-Management and the Consent Dilemma, 126 *Harvard Law Review*, 1880, 2013）。

ネットワーク化された自我を造形する権利

プライバシーが権利として生誕してからまだ一二〇年あまりです。この間、一二〇年前にはまったく想像できなかったほど新たな技術によりプライバシーが脅威にさらされるようになりました。

それでもなお、第三章で紹介したプライバシー権の父ルイス・ブランダイスの思考からは、

「自らの存在と本質的属性の会得と反芻の過程において、自我を形成し、解釈し、発展させ、そして表現するための利益」は担保される必要があるという見解が導き出せます。その意味でプライバシー権は、オンライン空間で常時他者との関係を維持しながら自我の布置関係を整える過程において、「ネットワーク化された自我を造形する権利」として新たな側面を持ちつつあるように思われます。

オンラインの世界ではSNSやメールを通じて人は常時誰かと接続された関係にありますが、その過程で、すべての私生活がさらけ出されるわけではなく、他者との交流の過程でどの情報を公開し、公開しないかの選択を繰り返しています。

例えば、フェイスブックやインスタグラムでは友人だけか、すべての人への公開か、どの投稿に「いいね」をするか、などの選択を行ない、どの程度の私生活の写真を投稿するかわずか一瞬であっても考えています。そしてその投稿した写真に対する他者からの評価を得て、次回以降、プライベートな写真をどの範囲まで公開するか考えることになります。このように、SNSの写真の公開の範囲一つとっても、そこでは自分の自我像をどう造り上げていくかを他者との交流の中で考えているわけです。

だからこそ、現代型プライバシー権は、古典的なプライバシー権である他者との関係を一度断絶する「独りにしておいてもらう権利」とも、個人の情報をコントロールする権利としての「自己情報コントロール権」とも異なります。

確かに「ネットワーク化された自我を造形する権利」は従来の権利論の延長上にあるのでしょう。しかし、オンライン空間における他者との交流関係の中で、自我の布置関係を整理していく過程で「自我」を造り上げていこうとする権利であると言うこともできます。

この「ネットワーク化された自我を造形する権利」の行く末に関しては、悲観的な見方と楽観的な見方があります。この権利の展望が悲観的な理由は、「もはやビッグデータの時代には、独りにしておいてもらうことはできず、またあらゆる個人情報を自身でコントロールもできない」という前提に立っているからです。一方、この権利を楽観的に見る理由は、「これまで蓄積されてきたプライバシー権の議論の延長上において、常にネットワーク化されつながれた状態にあっても、自我を造形する主役はコンピュータではなく、生身の人間である」という前提に立っているからです。

プライバシーという権利は、「自らを自らたらしめる自己の存立基盤」に関する権利です。要するに、この権利は、自らの生き方を決めるための自由の淵源《えんげん》であり、人間らしく生きるための尊厳を基盤とし、また差別や偏見を受けない平等の源でもあります。ブランダイスがプライバシー権のことを「最も包括的な権利の一つであり、文明人によって最も価値ある権利とされてきたもの」と定義したことは、このことを言い当てていると思われます。

今後はいわゆる人工知能（ＡＩ）技術の発達によって、人間はロボットに対し、主体であって、客体ではない、という前提が覆されようとしています。これはプライバシー権にとって非常に大きな脅威となります。人を傷付けるプライバシー情報の開示と抑制を人間であれば共有できます。しかし、ＡＩを登載したロボットには共有されるとは限りません。

ですが、ネットワーク化され常時インターネットに接続された人間のあり方がすでに一般化していても、従前のプライバシー権の中核的基盤をなしてきた個人の尊重の古典的な基本理念が、今なおプライバシー権の不可欠な要素をなしていると考えられます。この個人の尊重の基本理念を人々が共有していくことが、プライバシー権の発展にとって益々重要となってくると考えています。

ロボットを制御するための人工知能についても、留意が必要です。「正義とは何か」という議論を抜きに、人工知能は公正な帰結を導くことができません。データがこう示しているから公正であるという論理は、現実に生じる差別や偏見を無視した議論で、また人類が涵養《かんよう》してきた正義の系譜を奪いかねません。人工的な正義論を主張しかねないロボットの制御には人間の介在が必要となります。人間の思考に基づく正義論こそがディープラーニング（深層学習）の指針になるべきであり、またロボット利用の制約根拠となるべきです。

ビッグデータの時代が到来する中、もはや「なぜ権利としてプライバシーを保護すべきか」という議論なしに大量のデータが氾濫《はんらん》する大海原を航海することはできません。ビッグデータの時代を生きる我々に今必要とされているのは、自由とは何か、尊厳とは何かを明確に示し、他者との交流関係の中で、自我の布置関係を整理していく過程で「自我」を造り上げていく、という新たな現代型プライバシー権という羅針盤なのです。

終章　自由、尊厳、そして尊重

本書の問いは、「プライバシーとは何か」ではなく、「なぜプライバシーを守らなければならないのか」というものでした。

しかし、その答えは、本書で見てきた通り、一つではないでしょう。プライバシーは、時代と社会によって変化しうるものであり、その保護の根拠となるべき理由付けも様々なものがありうると思います。

プライバシーがない社会は、個人の「自由」を奪い去るでしょうし、人間の「尊厳」を蹂躙《じゅうりん》するものとなるでしょう。そして、何よりも、IT化・ビッグデータ時代の現代においては、コンピュータが人の私生活と生き方を支配し、データを生み出す個人を商品化し、個人が個人として「尊重」されなくなってしまいます。プライバシーを権利として保障するためには、感情論に依拠するのではなく、それぞれの時代と社会におけるプライバシーの「思想」ないし「哲学」を探究する必要があります。

本書の最後の章では、今後のプライバシーの展開を考えるために、プライバシーをなぜ権利として保障しなければならないのかについて、様々な意味付けを参照しながら考えてみようと思います。

アメリカの場合――プライバシーと自由

一九六七年、アラン・ウェスティン博士は『プライバシーと自由』という著書を公刊しました。その中で、博士は「いつ、どのように、どの程度自らに関する情報を他者に伝えるかを自ら決定する個人、集団、または組織の主張」であるとプライバシーを定義付けました（Alan Westin, Privacy and Freedom, 1967）。

ウェスティン博士のプライバシー論は、後にいわゆるコンピュータ社会における自己情報コントロール権へと発展していったと考えられています。そしてウェスティン博士は、プライバシーを考えることとは前章で筆者が述べた通り「自由の問題」であると位置付けていました。

二〇一〇年一〇月にイスラエルのエルサレムでプライバシーコミッショナー国際会議があり、そこで筆者はウェスティン博士と話をすることができました。憧《あこが》れの偉大な博士に若輩者の筆者が直接質問をするのは甚だ失礼にも思いましたが、エルサレムの旧市街を散策しながら、ウェスティン博士は非常に気さくに筆者の素朴な質問に答えてくださいました。

その中で、プライバシーは状況ごと（situational）に意味が異なりうるため、単一の定義をすることが困難であり、そのためプライバシーは実証的な研究を重ねて、初めて規範的な意味合いを持つことになる、といった趣旨のウェスティン博士の言葉を記憶しています。ウェスティン博士はプライバシーがもともと「自由」のためにあることを論証するために研究された、というよりは、むしろ長年の研究の成果としてプライバシーが個人の「自由」な生き方にとって不可欠な要素をなすことを論証したかったのではないか、と感じました。

第三章で述べた通り、ウェスティン博士の研究に見られるように、アメリカではプライバシーが個人の「自由」にとって核心となる利益だからこそ、自由の基礎としてプライバシーを権利としてこれまで承認してきたと見ることができます。ウェスティン博士の著書のタイトルで『プライバシーと自由』を並列関係に位置付けているのは、このことを意味していると考えられます。

アメリカ合衆国憲法の前文に「自由の恵沢」という語が含まれるのは、これを象徴しているとも言うことができるでしょう。

アメリカ人にとってプライバシー権はまさに「自由」の思想から生み出された権利なのです。

ヨーロッパの場合――プライバシーと尊厳

同じく第三章で詳しく論じた通り、ヨーロッパは、ナチスがパンチカードによってユダヤ人を見つけ出し、迫害をしたという過ちや、東欧における秘密警察による私生活の監視といった苦い歴史を体験してきています。これらの反省に立ち、ヨーロッパでは、いち早くプライバシー保護の厳格な法律を整備してきました。

もちろんヨーロッパの国々はそれぞれ異なる歴史と伝統を歩んできたため、中には情報通信技術を積極的に利用し、日本以上に広い範囲で番号制度を用いている国がないではありません。しかし、それらの国でも依然として厳格な個人情報保護法制が採用されていることは事実です。

EU諸機関の個人データ保護を監督する立場にあり、EUの様々な国から集まった専門家が職員として活躍している「欧州データ保護監督官」は、二〇一五年九月にビッグデータ、モノのインターネットやクラウドコンピューティング、さらに自動運転など、個人情報が直面する諸課題に対処するために「新たなデジタル倫理の核心にある尊厳」に基づくデータ保護の必要性を報告書の中で指摘しています（European Data Protection Supervisor, Opinion 4/2015 Towards a new digital ethics, 11 September 2015）。

つまり、アルゴリズムからはじき出された人物像が、その人の自由な選択や、平等な取扱いを享受する機会を奪い去る危険を問題視し、プライバシーと個人データ保護をオンライン上の尊厳を守る上での中心に据えて議論をすることを呼びかけています。

このようなEUのプライバシー権の伝統は、EU基本権憲章が「人間の尊厳は不可侵である」（第一条）という一節から始まることとも整合しています。

筆者がヨーロッパの方と意見交換をしてきた際に、異なる会議で違う人から、まったく同じ指摘を繰り返し受けたことがあります。それは、日本の個人情報保護法制における開示などの求めがいかなる性質のもので、その権利性の背景にある基礎理論がどのようなものなのか、必ずしも明らかではない、というものでした。私はこの指摘が日本とヨーロッパとの間にあるプライバシー権をめぐる溝であると感じました。彼らによれば、ヨーロッパでは、「忘れられる権利」やデータポータビリティ権をはじめ、従来の開示などの権利はすべてEU基本権憲章が掲げる「人間の尊厳」から導かれるものである、ということでした。

つまり、「人間の尊厳」こそがヨーロッパのプライバシー権の根底にある思想なのです。

日本の場合――プライバシーと尊重

アメリカのプライバシー権が個人の「自由」に根差しており、ヨーロッパのプライバシー権が「尊厳」を基盤にしているとすれば、日本におけるプライバシー権はどのような哲学や思想に立っていると言えるでしょうか。

筆者は、アメリカ型の自由を基軸としたプライバシー権からも、ヨーロッパ型の尊厳に基づくプライバシー権からも多くを学ぶべきことに異論はありません。しかし、筆者がこれまで多くの研究者やプライバシーコミッショナーたちと意見交換をしてきた経験からして、日本におけるプライバシー権は、アメリカやヨーロッパのそれをコピーして解決するものではない、と考えています。

序章でも述べた通り、日本人のプライバシー観は、良くも悪くも、他者との関係において私事にあまり立ち入らない、というエチケットが出発点としてあるように感じています。私利私益を追求しないで公共の精神を持つべきであるという、かつての「滅私奉公」の精神もまた影響があるのかもしれません。あるいは「本音」と「建前」を使い分ける日本人は、私的圏域を身内と他人との間で使い分けてきたのであって、その意味で、西欧とは異なる歴史と伝統を経て、日本人なりのプライバシー観が形成されてきたのかもしれません（A.A. Adams, K. Murata, Y. Orito, The Japanese Sense of Information Privacy, 24 *AI & Society* 327, 2009）。そのため、私たち日本人はプライバシーの思想や哲学について深く考えなくても、エチケットに基づくプライバシーの文化を造り上げてきたと言うことができるのかもしれません。

しかし、ビッグデータの時代にエチケットに基づくだけのプライバシー論は、あまりに貧弱です。コンピュータにエチケットに基づくプライバシー保護を主張しても、守ってくれる保証はありません。では、日本ではどのようにプライバシーを権利として保障していくべきでしょうか。

その答えは、個人の「尊重」という理念に求めることができると思います。個人の尊重の理念は、日本国憲法第一三条で謳われているのみならず、日本の個人情報保護法の第三条でも「個人情報は、個人の人格尊重の理念の下に慎重に取り扱われるべきものである」と明記されています。

筆者は、この個人の尊重の理念を基軸に日本のプライバシー権を構築していくべきであるし、またこれまでもこの理念に基づき、日本人はプライバシー権を発展させてきたと考えています。

例えば、早稲田大学で、中華人民共和国の国家主席が講演会を行なった際に、参加者名簿を警備の目的で、参加学生の承諾を得ずに大学が警察に提出した事案がかつて最高裁で争われました。二〇〇三年、最高裁は、「個人情報についても、本人が、自己が欲しない他者にはみだりにこれを開示されたくないと考えることは自然なことであり、そのことへの期待は保護されるべきものである」（二〇〇三年九月一二日）ことを明らかにしました。最高裁は、「プライバシーに係る情報は、取扱い方によっては、個人の人格的な権利利益を損なうおそれのあるものである」ことを理由に掲げています。同意を得る手続がそれほど困難でない場合は、本人の同意を取得するという個人情報保護法の基本原則（第二三条一項）にも合致する判旨ですし、また、個人の人格尊重の理念からこの要請を明らかにしています。

また、職場のロッカーを無断で開けて私物を写真撮影した行為が、プライバシー侵害となると認定する際に、「職場における自由な人間関係を形成する自由」に言及した先例（一九九五年九月五日）もあります。これも、日本企業における人間関係の形成のためには職場であっても一定の領域では私事が認められ、従業員同士がお互いを尊重する日本の企業文化を示唆しているとも受け止めることができそうです。

さらに、日本では、一九九四年に最高裁が「前科等にかかわる事実の公表によって、新しく形成している社会生活の平穏を害されその更生を妨げられない利益を有する」（一九九四年二月八日）ことを認めています。「更生を妨げられない利益」により、ノンフィクション小説で私人の一二年前の刑事裁判の内容を実名で公表されないことが認められ、広い意味でのプライバシー権の内容の一部をなしていると考えられています。「忘れられる権利」のところでも触れましたが、日本では、すでにインターネットが本格的に登場する前から、個人の生き方を尊重するという理念に基づき、ある種の「忘れられる権利」が認められてきたと言っても大きな間違いはないでしょう。

このように、日本では、日本人が培ってきたエチケットとしてのプライバシーから、さらに個人の尊重の理念に基づき、プライバシーを法的権利として承認するという文化の発展を遂げてきたと見ることができると思います。

もちろん、日本においてもプライバシー権を個人の尊重の理念以外の理由で正当化する方法もあるでしょう。事例によっては、個人の「自由」や人間の「尊厳」といったアメリカとヨーロッパの思想も参考になるでしょう。

さらに別の見方として、ビッグデータの時代では、プライバシー権の侵害の様態を人格的利益の侵害と捉えるのではなく、むしろ個人情報を搾取する財産的利益の侵害であると見ることもできないわけではありません。自らの個人情報を引き換えにポイントサービスを受けることができれば、プライバシーはある種の財産的価値であると見ることもできるでしょう。

しかし、プライバシー権を語る場合、いたずらに「気味が悪い」からといった理由で、権利を振りかざすのではなく、なぜプライバシーが権利として保障されなければならないのか、そして、もしプライバシーが権利として保障されないとどのような損失を国民が被るかを原理的に問い続けていくことが重要です。その問いに答えていくためには何が必要でしょうか。筆者は、基本的理念としての個人、そして他者の「尊重」という日本流のプライバシー文化が基盤となっていくべきであると考えています。

感情論としてのプライバシー権論は、「過剰反応」に見られるように、個人情報であれば何でも保護するべきであるという誤解を生み出してしまいます。そして、理念なき、感情論としてのプライバシー権論は、本来、常に制度設計が改善されるのならば有益なビッグデータの利活用の発展にとって有害であるばかりでなく、個人情報を適切に保護していくためにもかえって障害となりうると考えています。私たちを取り巻く新たな技術について、プライバシーの観点から「気味が悪い」から反対するのではなく、何が問題で何が問題でないかを個人の尊重の理念に基づき冷静に議論していくことが求められているように思われます。

プライバシーと憲法・法律

では、日本において個人の尊重の理念に基づきプライバシーを権利として保障していくためにはどのような法制度が必要となるのでしょうか。

根源に遡って考えるならば、まず検討されるべきなのは、憲法となります。日本国憲法では、プライバシーや個人情報の保護を人権として列挙していません。諸外国の例を見ると、比較的新しく成立した憲法にはプライバシー権あるいは個人情報の保護が人権として明記されている方がむしろ一般的であると言うことができるでしょう。アメリカの研究者による比較憲法のプロジェクト研究によれば、プライバシー権を憲法で明文化している国は一六三カ国あり、これは全世界の憲法の約八五パーセントにあたります（Comparative Constitutions Project, Data Visualizations のホームページより、二〇一六年一二月一二日アクセス）。

そのため、日本においても、プライバシー権や個人情報の保護の権利について、憲法改正を行い、明文でこれを保障するべきである、という議論が起こることは決して不当なことではありません。実際、憲法審査会では、プライバシー権を明記する改憲論が有力に主張されてきたのです。

しかし、第一に、憲法は公権力を縛る法である以上、憲法で保障されるプライバシー権は原則として公権力、すなわち国の行政機関などによるプライバシー侵害を想定しています。そのため、民間の事業者による不正な個人情報の利用などについては、憲法改正をしても物事がただちに変わるわけではありません。

第二に、憲法を改正するためには、プライバシー権と個人情報の保護の権利についてどのような結果が生じるかについて分析する必要があります。現行のマイナンバー制度や住基ネットにどのような影響が生じるかなどを含め、憲法改正をした場合の国民の間の受容可能性を探った上で、果たして本当に改正が必要なのかどうかについての冷静な議論が求められます。

次に、個人情報保護法です。第四章で見てきた日本の個人情報保護法は、事業者の義務規定を列挙してあるばかりで、個人情報の主体である本人の権利についての明確な規定がありません。

仮に憲法でも個人情報保護法でも個人情報の主体である本人の権利が明確に規定されていないとなると、日本では、プライバシーが効果的に保護されない、または個人情報が不正に利用されても漏えいしても救済がされない、と捉えられかねません。

そのため、筆者は、この本人の権利に関する規定、具体的には、自らの個人情報を開示し、訂正し、抹消する権利、そして不正な利用や漏えいなどによる被害から救済を求める権利、さらに、必要に応じて、「忘れられる権利」やデータポータビリティ権といったデジタル時代に対応した権利について整備をする必要があると考えています。

個人情報保護法でこれらの権利が個人に付与されるのであれば、あるいは裁判所の人格権の法理によって実質的にこれらの権利が保障されるのであれば、あえて憲法を改正する必要はないかもしれません。

さらに、プライバシー権と個人情報の保護を司法の場において擁護する判例についての検討が最も重要です。プライバシーがいかなるものであるかを憲法や法律で定義付けて保護の対象を明確にするのは、本書を通じて見てきた通り、困難なことです。そのため、個々の事案におけるプライバシー権の侵害事例を裁判所において積み重ねていくことが重要となります。日本では、人格権に基づきプライバシーを保護してきた事例が見られるため、憲法改正や個人情報保護法改正の議論の際にも判例の動向を緻密《ちみつ》に分析することが重要となってきます。

そして、筆者は、日本におけるプライバシー権を発展させていく過程において、インターネットの登場による、「ネットワーク化された自我を造形する権利」として、従来のプライバシー権を一歩推し進めた議論が必要であると考えています。

プライバシーと他の権利・利益とのバランス

プライバシーを権利として保障する場合、他の自由や利益とのバランスをいかに図るか、という重要な問題が発生します。プライバシー権は絶対的な権利ではないため、私生活への侵害の程度、その人の社会的役割、対象となる個人情報の種類や内容、時の経過などを考慮する必要があります。

例えば、「忘れられる権利」について見れば、これをプライバシー権の一内容として認めるとなると、特にインターネット上の自由な情報流通との関係で表現の自由との調整が必要となります。「忘れられる権利」をあらゆる場面で認めてしまえば、不都合な情報隠しの道具となり、場合によっては、歴史研究にも影響が出たり、過去の社会的に重要な事件や出来事が忘れ去られてしまいかねません。表現の自由とプライバシー権の比較衡量は、どこの国でも問題となる非常に悩ましい問題です。個別の事例を積み上げていきながら、両者のバランスを図っていく必要があります。

また、テロ対策のために監視カメラを設置することは公共の安全にとって重要な利益となる場合があり、プライバシー権との調整が必要となります。例えば、いわゆる「共謀罪」の前提となる「国際的な組織犯罪の防止に関する国際連合条約」を見ても、プライバシー保護に関する規定（第六条）が定められています。国際テロ組織を取り締まることに異論はないとしても、そのような組織と無関係な人のプライバシーが不当に侵害されることのないよう、やはり効果的なプライバシー保護の措置が必要となります。

筆者が欧州評議会の方からご指摘をいただいた点として次のような事例も見られました。日本は、サイバー犯罪条約は批准しており、海外からの不正アクセスなどに対処するためログの保存などを義務付け、締約国の間での捜査協力の推進につなげています。他方で、サイバー犯罪条約を所管する欧州評議会の人権・法の支配総局は、個人データの保護に関する条約第一〇八号も所管しており、日本を含むヨーロッパ以外の国にも門戸を開いていますが、日本は個人データ保護の条約については批准していません。サイバー犯罪を取り締まる監視と、その取り締まりから一般の人の個人データを保護するための捜査機関への監視は両立可能です。ここでは「監視を監視する」仕組みが必要となることを教えられました。

やはりサイバー犯罪を取り締まる際には、サイバー犯罪とは無関係な人のプライバシーを効果的に保護できるような枠組みが必要となってくると考えられます。公共の安全とプライバシーという非常に利益衡量が難しい問題についても、やはりどちらの利益も等価値であるという前提から個々の事案における衡量が必要となってくるように思われます。

このような権利や利益の衝突は、プライバシーに限った話ではありませんが、特にプライバシー権については、何度も言うように、一度侵害されるとそれを事後的に回復することは難しい権利であることに留意する必要があります。

先人たちの言葉

先に紹介した三島由紀夫の小説『宴のあと』の中で、有田八郎さんは、自身の夫婦喧嘩《げんか》、閨《けい》房《ぼう》の行為、妻の肉体などをモデルとされ、その私生活を覗き見するような描写をされました。

「〝もし自分が有田さんと同じような立場に置かれたら……〟ということを考えたそうだが、これはまた、三十年の裁判官生活を通じてこの人の信条ともなっている」（「読売新聞」「時の人『プライバシーの権利』を認める判決を下した　石田哲一」一九六四年九月二九日）

このように紹介されたのが、一九六四年九月二八日、「『宴のあと』事件」においてプライバシーの権利侵害を認定した石田哲一裁判官です。

この事件において、石田裁判官は、「いわゆるプライバシー権は私生活をみだりに公開されないという法的保障ないし権利」であることを宣言しました。これは、先述したように、日本の司法におけるプライバシー権の始まりとなる有名な一節となりました。

石田裁判官は、「女房の三味線でうたいはじめてから夫婦はとくに円満になりました」と紙面で告白するなど、「とにかく裁判官としては公私ともに異色ある存在」として知られました。

「公私ともに異色ある存在」の裁判官だからこそ、何が公であり、何が私であるのか、という問いを追究し、プライバシーを権利として確立させることができたのかもしれません。

そして、プライバシーを権利として擁護してきた日本の法曹界の先人たちの言葉には、他にも次のような力強い言葉が残っています。

日本でいち早くプライバシー権の研究を始めた伊藤正己博士は、プライバシー権が「デリケートな問題」であると断りつつも、「プライバシーという言葉が流行語としての運命をたどるとしても、そこに含まれている諸問題は、ますますその解決の必要の度を高めてくることは間違いのないところである」（伊藤正己『プライバシーの権利』岩波書店、一九六三年、七頁、二三頁）と指摘していました。後に、伊藤博士が、日本の最高裁判事として、「個人が他者から自己の欲しない刺戟によって心の静穏を乱されない利益を有しており、これを広い意味でのプライバシーと呼ぶことができる」という意見を残したこともあまりに有名な話です（一九八八年一二月二〇日　伊藤正己裁判官の補足意見）。

また、伊藤博士とともにプライバシー研究の著書を公刊された戒能通孝博士は、「（江戸時代の劇作家の井原）西鶴の一小説に、隣家の家臣達に屋根の上から自宅をのぞき見られたため、鉄砲をとってその家来共を撃ち殺す武士の話がでているが、プライバシー擁護には、むしろこの程度の気迫が必要なのではあるまいか」と強い意気込みを語っていました（戒能通孝「『宴のあと』事件とプライバシー」「法律時報」三六巻一三号、一九六四年、八五頁）。

さらに、日本のプライバシー研究の第一人者でおられる堀部政男教授は、「プライバシー・個人情報を法的に保護していない国は、人権意識が乏しいという受け止め方もされた」と、ご自身の体験を基に告白をされています（堀部政男「プライバシー・個人情報保護の国際的整合性」堀部政男編著『プライバシー・個人情報保護の新課題』商事法務、二〇一〇年、八―九頁）。堀部先生は、日本ではプライバシー保護の法律がなかったころから、諸外国の個人データ保護監督機関の関係者と意見交換をされてきた経験から「人権意識」という言葉を使われています。堀部先生は、半世紀以上にわたるご研究を基に、二〇一七年二月現在、個人情報保護委員会の初代委員長として日本のプライバシー外交にも取り組まれています。

外来語としての「プライバシー」という言葉が日本語となり、日本人の私たちの生活に定着した背景には、もともとあった相手を尊重する日本の文化的背景とともに、先人たちの半世紀以上にわたる努力があったことを忘れてはなりません。

個人の尊重の礎としてのプライバシー権

先人たちの言葉を真剣に受け止めつつ、私たちが直面するビッグデータ、モノのインターネット、そして人工知能などの現代的課題に対処するため、日本のプライバシー権を今後どのように発展させていくべきでしょうか。

プライバシーは、日常生活において、私たちの頭の中、心の中で、直感に頼って保護しなければならない場合と、そうでない場合とで区別されます。その意味で、プライバシーが人間関係の中におけるエチケットの問題、つまり他者の尊重の問題であるという意見はあながち間違いではありません。

しかし、私たちが今直面している課題は、私たちが知らないところで個人情報が収集され、分析され、利用され、さらには提供されているという現象にいかに対処していくか、というものです。これは私たち日本人がこれまで形成してきた、エチケットや他者の私生活にみだりに立ち入らないという社会規範だけでは、対処しきれない問題です。

だからこそ、プライバシーへのリスクを明らかにした上で、監視や自らの知らないところでのデータの二次利用を規制する法律が必要となってくるのです。

しかし、この規制法は、私たちが直感で判断した「気味の悪さ」のあいまいな集合体であってはいけません。将来、家庭用ロボットが個人情報を集積し、私生活を覗き見するのは気味が悪いというだけの嫌悪感から、ロボット技術の進展を窒息させるべきではありません。

したがって、何がどのようにプライバシーへのリスクとなりうるかを明確にすることが大切です。個人情報の漏えいだけではなく、今後はむしろプロファイリングが生み出す差別的取扱いの方を大きなそして現実的なリスクと見るべきでしょう。そのリスクを取り除く、あるいは最小限化する、プライバシー保護に十分に配慮したロボットを製造すれば、ロボットにもプライバシーにも win-win の関係が築けます。そして、利用者がそのロボットの製造会社に対し自らの個人情報の開示を権利として、常にチェックできる状態に置き、万一そのロボットによる不正な個人情報の利用や漏えいが発生した場合、個人情報保護委員会への苦情申し立てを行ない、救済を求めることができるような制度設計の必要もあります。

このような個人情報を取扱うライフサイクルにおいてプライバシーが効果的に保護できる枠組みができることは、新たな技術の開発や利用に何ら障害となるものではありません。このように個人情報が適切に取扱われ、救済にいたるまでの権利保障が法律で整備されているからこそ、「気味の悪さ」もなくなり、新たな技術への信頼も増すことになるでしょう。

しかし、私たちがプライバシーと公正さに無頓着であり続ければ、いつか私たち人間の私生活はロボットに支配されてしまう日が来るかもしれません。

情報の利活用と保護はコインの表裏、車のアクセルとブレーキのような関係です。ブレーキのない車に乗りたい人はいないでしょうし、アクセルのない車は何の役にも立ちません。その意味で、プライバシー保護は、ビッグデータ、モノのインターネット、そして人工知能の支援者なのです。

私たちは、新たな技術によって生活をより豊かにしていくためにも、プライバシーを真剣に考え、プライバシーを効果的に保護できる法律を考えていかなければなりません。現代社会を生きる私たちは、ネットワークの中で生きています。そのネットワーク化された自我を、アルゴリズム、人工知能、あるいはロボットによって造られるのではなく、人間自らの手で造り上げていくこと、すなわち「ネットワーク化された自我を造形する権利」としてのプライバシー権が求められています。そして、日本におけるプライバシー保護は、私たちの社会規範として、文化として、そして憲法の中にある個人の尊重の理念に基づく権利として発展させていく必要があるのです。

あとがき

二〇一七年になり、ジョージ・オーウェルの『一九八四年』が再び注目を集めています。一月二〇日にドナルド・トランプ大統領が就任した翌週には、アメリカのアマゾンの書籍のベストセラーとして売上を伸ばしました。

『一九八四年』には、「自分は蒸発する」という一節があります。監視をする者が人の「記憶」ではなく、「記録」のみを残すこととなれば、個人の人生は単なるデータの「記録」にすぎません。そして、過去がデータの「記録」としてすべて残されていれば、人の「記憶」はいつか薄れ、その「記録」をもとにその人の未来をコントロールすることができるでしょう。

アメリカの新政権の誕生により、もしかしたら「自分は蒸発する」ことをおそれ、未来のコントロールの不安を抱いた人々が『一九八四年』を手に取る、という現象がアメリカでは起きているのかもしれません。

実は、『一九八四年』が描いた過去のコントロールに関する記述は、ビッグデータの現実の多くを言い当てているように感じました。

過去の記録が未来の自分を変えてしまう、という「データの専制」に私たちは気付く必要があります。

その意味で、本書で述べた通り、プライバシーについて考えるとは、未来の自分を守る方策を考えることです。例えば、遺伝情報の保護について考えてみましょう。遺伝情報は、将来の自分の疾患の予測につながるだけでなく、自分の家族や子孫にも影響を及ぼします。今日、遺伝情報を保護しなければ、明日、将来の自分や将来の家族が遺伝情報に基づき保険や雇用において差別をされるおそれがあります。

遺伝情報などのプライバシーの問題について考えることは、未来の自分や家族、そして未来の世代について考えることであると言うことができるのです。

遺伝情報に限りません。インターネットもなかった時代には、人の噂《うわさ》も七十五日と言われたように、いつか忘れられます。何気なく撮影した写真もかつてはアルバムの中にしまっておけば、自分だけにとっての思い出でした。しかし、今はデジタル化した写真は見知らぬ第三者に見られ、場合によっては笑い者にされたり、誹謗《ひぼう》中傷の対象となることもあります。

インターネットの閲覧履歴から、あなたの趣味や嗜好が推測され、それに基づく広告配信が行われています。インターネット販売の購入履歴から、あなたが妊娠していること、あるいはあなたが花粉症であることが予測されています。

このように、過去のデータが未来の自分を変えてしまうリスクが日常生活にあふれています。もちろんすべてのデータが未来の自分を悪く変えてしまうわけではありません。むしろ未来の自分の生活をより便利に豊かにしてくれるかもしれません。

そのためにも、そのデータが未来の自分を悪く変えてしまわないためのプライバシー保護を考えていく必要があります。データがプライバシー侵害の道具とならないような仕組みが求められています。

そして、プライバシー保護の法的枠組みが十分に機能して初めてビッグデータの利活用も進めていくことができるのであって、データの利活用とプライバシー保護は両立しうることも改めて喚起しておきたいと思います。また、データの監視による安全の確保についても、プライバシーの保護の議論抜きに進めていくべきものではありません。

自分の収入や財産に関する情報が最も知られたくないと考える人もいれば、病歴や身体に関する情報が最もプライベートな情報であるという人もいますし、また宗教や信条を知られたくないと考える人もいるでしょう。プライバシーという概念は人によって異なるため、これを立法化することは非常に難しいことです。しかし、難しいということを理由に、プライバシーについて考えることをあきらめてはなりません。プライバシーについて考えることをあきらめれば、私たちの生活、そして未来の世代はデータの専制によって支配されてしまいます。

本書が、データの利活用や監視の在り方とプライバシー保護をいかに両立させていくかを考えるきっかけになれば幸いに思います。プライバシーをめぐる問題は非常に幅広く、奥が深いものです。本書において、すべてのプライバシーの問題を扱うことはできませんでしたが、もしもご興味を持っていただけたのであれば、本書の一部の基となっている拙著の『プライバシー権の復権』（中央大学出版部、二〇一五年）と『事例で学ぶプライバシー』（朝陽会、二〇一六年）においてより深く議論を理解していただけるのではないかと思います。

本書の執筆にあたり、集英社の伊藤直樹さんからは有益なアドバイスをいただくとともに、大変ご丁寧に校閲をしていただき、御礼申し上げます。伊藤さんとは、二〇一六年六月四日、スノーデンのシンポジウムの際にお会いし、日本社会における監視とプライバシーへの問題意識の必要性をご指摘いただき、本書の公刊に至りました。

本書を通じて、読者の皆さんが、プライバシーを考えることで、将来の自分のことを、そして将来のデータがあふれる社会について考えていただくきっかけになれば幸いに思います。

付録① 日本国憲法（昭和二一〈一九四六〉年一一月三日公布、昭和二二〈一九四七〉年五月三日施行）

第一三条　すべて国民は、個人として尊重される。生命、自由及び幸福追求に対する国民の権利については、公共の福祉に反しない限り、立法その他の国政の上で、最大の尊重を必要とする。

付録②　個人情報の保護に関する法律

（平成一五〈二〇〇三〉年五月三〇日法律第五七号）
＊全面施行、平成二九〈二〇一七〉年五月三〇日

目次

第1章　総則

（目的）

第1条　この法律は、高度情報通信社会の進展に伴い個人情報の利用が著しく拡大していることに鑑み、個人情報の適正な取扱いに関し、基本理念及び政府による基本方針の作成その他の個人情報の保護に関する施策の基本となる事項を定め、国及び地方公共団体の責務等を明らかにするとともに、個人情報を取り扱う事業者の遵守すべき義務等を定めることにより、個人情報の適正かつ効果的な活用が新たな産業の創出並びに活力ある経済社会及び豊かな国民生活の実現に資するものであることその他の個人情報の有用性に配慮しつつ、個人の権利利益を保護することを目的とする。

（定義）

第2条　この法律において「個人情報」とは、生存する個人に関する情報であって、次の各号のいずれかに該当するものをいう。

一　当該情報に含まれる氏名、生年月日その他の記述等（文書、図画若しくは電磁的記録（電磁的方式（電子的方式、磁気的方式その他人の知覚によっては認識することができない方式をいう。次項第2号において同じ。）で作られる記録をいう。第18条第2項において同じ。）に記載され、若しくは記録され、又は音声、動作その他の方法を用いて表された一切の事項（個人識別符号を除く。）をいう。以下同じ。）により特定の個人を識別することができるもの（他の情報と容易に照合することができ、それにより特定の個人を識別することができることとなるものを含む。）

二　個人識別符号が含まれるもの

2　この法律において「個人識別符号」とは、次の各号のいずれかに該当する文字、番号、記号その他の符号のうち、政令で定めるものをいう。

一　特定の個人の身体の一部の特徴を電子計算機の用に供するために変換した文字、番号、記号その他の符号であって、当該特定の個人を識別することができるもの

二　個人に提供される役務の利用若しくは個人に販売される商品の購入に関し割り当てられ、又は個人に発行されるカードその他の書類に記載され、若しくは電磁的方式により記録された文字、番号、記号その他の符号であって、その利用者若しくは購入者又は発行を受ける者ごとに異なるものとなるように割り当てられ、又は記載され、若しくは記録されることにより、特定の利用者若しくは購入者又は発行を受ける者を識別することができるもの

3　この法律において「要配慮個人情報」とは、本人の人種、信条、社会的身分、病歴、犯罪の経歴、犯罪により害を被った事実その他本人に対する不当な差別、偏見その他の不利益が生じないようにその取扱いに特に配慮を要するものとして政令で定める記述等が含まれる個人情報をいう。

4　この法律において「個人情報データベース等」とは、個人情報を含む情報の集合物であって、次に掲げるもの（利用方法からみて個人の権利利益を害するおそれが少ないものとして政令で定めるものを除く。）をいう。

一　特定の個人情報を電子計算機を用いて検索することができる

ように体系的に構成したもの
二　前号に掲げるもののほか、特定の個人情報を容易に検索することができるように体系的に構成したものとして政令で定めるもの
5　この法律において「個人情報取扱事業者」とは、個人情報データベース等を事業の用に供している者をいう。ただし、次に掲げる者を除く。
一　国の機関
二　地方公共団体
三　独立行政法人等（独立行政法人等の保有する個人情報の保護に関する法律（平成15年法律第59号）第2条第1項に規定する独立行政法人等をいう。以下同じ。）
四　地方独立行政法人（地方独立行政法人法（平成15年法律第118号）第2条第1項に規定する地方独立行政法人をいう。以下同じ。）
6　この法律において「個人データ」とは、個人情報データベース等を構成する個人情報をいう。
7　この法律において「保有個人データ」とは、個人情報取扱事業者が、開示、内容の訂正、追加又は削除、利用の停止、消去及び第三者への提供の停止を行うことのできる権限を有する個人データであって、その存否が明らかになることにより公益その他の利益が害されるものとして政令で定めるもの又は1年以内の政令で定める期間以内に消去することとなるもの以外のものをいう。
8　この法律において個人情報について「本人」とは、個人情報によって識別される特定の個人をいう。
9　この法律において「匿名加工情報」とは、次の各号に掲げる個人情報の区分に応じて当該各号に定める措置を講じて特定の個人を識別することができないように個人情報を加工して得られる個人に関する情報であって、当該個人情報を復元することができないようにしたものをいう。
一　第1項第1号に該当する個人情報　当該個人情報に含まれる記述等の一部を削除すること（当該一部の記述等を復元することのできる規則性を有しない方法により他の記述等に置き換えることを含む。）。
二　第1項第2号に該当する個人情報　当該個人情報に含まれる個人識別符号の全部を削除すること（当該個人識別符号を復元することのできる規則性を有しない方法により他の記述等に置き換えることを含む。）。
10　この法律において「匿名加工情報取扱事業者」とは、匿名加工情報を含む情報の集合物であって、特定の匿名加工情報を電子計算機を用いて検索することができるように体系的に構成したものその他特定の匿名加工情報を容易に検索することができるように体系的に構成したものとして政令で定めるもの（第36条第1項において「匿名加工情報データベース等」という。）を事業の用に供している者をいう。ただし、第5項各号に掲げる者を除く。

（基本理念）
第3条　個人情報は、個人の人格尊重の理念の下に慎重に取り扱われるべきものであることにかんがみ、その適正な取扱いが図られなければならない。

第2章　国及び地方公共団体の責務等

（国の責務）

第4条　国は、この法律の趣旨にのっとり、個人情報の適正な取扱いを確保するために必要な施策を総合的に策定し、及びこれを実施する責務を有する。

（地方公共団体の責務）

第5条　地方公共団体は、この法律の趣旨にのっとり、その地方公共団体の区域の特性に応じて、個人情報の適正な取扱いを確保するために必要な施策を策定し、及びこれを実施する責務を有する。

（法制上の措置等）

第6条　政府は、個人情報の性質及び利用方法に鑑み、個人の権利利益の一層の保護を図るため特にその適正な取扱いの厳格な実施を確保する必要がある個人情報について、保護のための格別の措置が講じられるよう必要な法制上の措置その他の措置を講ずるとともに、国際機関その他の国際的な枠組みへの協力を通じて、各国政府と共同して国際的に整合のとれた個人情報に係る制度を構築するために必要な措置を講ずるものとする。

第3章　個人情報の保護に関する施策等

第1節　個人情報の保護に関する基本方針

第7条　政府は、個人情報の保護に関する施策の総合的かつ一体的な推進を図るため、個人情報の保護に関する基本方針（以下「基本方針」という。）を定めなければならない。

2　基本方針は、次に掲げる事項について定めるものとする。

一　個人情報の保護に関する施策の推進に関する基本的な方向

二　国が講ずべき個人情報の保護のための措置に関する事項

三　地方公共団体が講ずべき個人情報の保護のための措置に関する基本的な事項

四　独立行政法人等が講ずべき個人情報の保護のための措置に関する基本的な事項

五　地方独立行政法人が講ずべき個人情報の保護のための措置に関する基本的な事項

六　個人情報取扱事業者及び匿名加工情報取扱事業者並びに第50条第1項に規定する認定個人情報保護団体が講ずべき個人情報の保護のための措置に関する基本的な事項

七　個人情報の取扱いに関する苦情の円滑な処理に関する事項

八　その他個人情報の保護に関する施策の推進に関する重要事項

3　内閣総理大臣は、個人情報保護委員会が作成した基本方針の案について閣議の決定を求めなければならない。

4　内閣総理大臣は、前項の規定による閣議の決定があったときは、遅滞なく、基本方針を公表しなければならない。

5　前二項の規定は、基本方針の変更について準用する。

第2節　国の施策

（地方公共団体等への支援）

第8条　国は、地方公共団体が策定し、又は実施する個人情報の保護に関する施策及び国民又は事業者等が個人情報の適正な取扱いの確保に関して行う活動を支援するため、情報の提供、事業者等が講ずべき措置の適切かつ有効な実施を図るための指針の策定その他の必要な措置を講ずるものとする。

（苦情処理のための措置）

第9条　国は、個人情報の取扱いに関し事業者と本人との間に生じた苦情の適切かつ迅速な処理を図るために必要な措置を講ずるものとする。

（個人情報の適正な取扱いを確保するための措置）

第10条　国は、地方公共団体との適切な役割分担を通じ、次章に規定する個人情報取扱事業者による個人情報の適正な取扱いを確保するために必要な措置を講ずるものとする。

第3節　地方公共団体の施策

（地方公共団体等が保有する個人情報の保護）

第11条　地方公共団体は、その保有する個人情報の性質、当該個人情報を保有する目的等を勘案し、その保有する個人情報の適正な取扱いが確保されるよう必要な措置を講ずることに努めなければならない。

2　地方公共団体は、その設立に係る地方独立行政法人について、その性格及び業務内容に応じ、その保有する個人情報の適正な取扱いが確保されるよう必要な措置を講ずることに努めなければならない。

（区域内の事業者等への支援）

第12条　地方公共団体は、個人情報の適正な取扱いを確保するため、その区域内の事業者及び住民に対する支援に必要な措置を講ずるよう努めなければならない。

（苦情の処理のあっせん等）

第13条　地方公共団体は、個人情報の取扱いに関し事業者と本人との間に生じた苦情が適切かつ迅速に処理されるようにするため、苦情の処理のあっせんその他必要な措置を講ずるよう努めなければならない。

第4節　国及び地方公共団体の協力

第14条　国及び地方公共団体は、個人情報の保護に関する施策を講ずるにつき、相協力するものとする。

第4章　個人情報取扱事業者の義務等

第1節　個人情報取扱事業者の義務

（利用目的の特定）

第15条　個人情報取扱事業者は、個人情報を取り扱うに当たっては、その利用の目的（以下「利用目的」という。）をできる限り特定しなければならない。

2　個人情報取扱事業者は、利用目的を変更する場合には、変更前の利用目的と関連性を有すると合理的に認められる範囲を超えて行ってはならない。

（利用目的による制限）

第16条　個人情報取扱事業者は、あらかじめ本人の同意を得ないで、前条の規定により特定された利用目的の達成に必要な範囲を超えて、個人情報を取り扱ってはならない。

2　個人情報取扱事業者は、合併その他の事由により他の個人情報取扱事業者から事業を承継することに伴って個人情報を取得した場合は、あらかじめ本人の同意を得ないで、承継前における当該個人情報の利用目的の達成に必要な範囲を超えて、当該個人情報を取り扱ってはならない。

3 前二項の規定は、次に掲げる場合については、適用しない。

一 法令に基づく場合

二 人の生命、身体又は財産の保護のために必要がある場合であって、本人の同意を得ることが困難であるとき。

三 公衆衛生の向上又は児童の健全な育成の推進のために特に必要がある場合であって、本人の同意を得ることが困難であるとき。

四 国の機関若しくは地方公共団体又はその委託を受けた者が法令の定める事務を遂行することに対して協力する必要がある場合であって、本人の同意を得ることにより当該事務の遂行に支障を及ぼすおそれがあるとき。

(適正な取得)

第17条 個人情報取扱事業者は、偽りその他不正の手段により個人情報を取得してはならない。

2 個人情報取扱事業者は、次に掲げる場合を除くほか、あらかじめ本人の同意を得ないで、要配慮個人情報を取得してはならない。

一 法令に基づく場合

二 人の生命、身体又は財産の保護のために必要がある場合であって、本人の同意を得ることが困難であるとき。

三 公衆衛生の向上又は児童の健全な育成の推進のために特に必要がある場合であって、本人の同意を得ることが困難であるとき。

四 国の機関若しくは地方公共団体又はその委託を受けた者が法令の定める事務を遂行することに対して協力する必要がある場合であって、本人の同意を得ることにより当該事務の遂行に支障を及ぼすおそれがあるとき。

五 当該要配慮個人情報が、本人、国の機関、地方公共団体、第76条第1項各号に掲げる者その他個人情報保護委員会規則で定める者により公開されている場合

六 その他前各号に掲げる場合に準ずるものとして政令で定める場合

(取得に際しての利用目的の通知等)

第18条 個人情報取扱事業者は、個人情報を取得した場合は、あらかじめその利用目的を公表している場合を除き、速やかに、その利用目的を、本人に通知し、又は公表しなければならない。

2 個人情報取扱事業者は、前項の規定にかかわらず、本人との間で契約を締結することに伴って契約書その他の書面(電磁的記録を含む。以下この項において同じ。)に記載された当該本人の個人情報を取得する場合その他本人から直接書面に記載された当該本人の個人情報を取得する場合は、あらかじめ、本人に対し、その利用目的を明示しなければならない。ただし、人の生命、身体又は財産の保護のために緊急に必要がある場合は、この限りでない。

3 個人情報取扱事業者は、利用目的を変更した場合は、変更された利用目的について、本人に通知し、又は公表しなければならない。

4 前三項の規定は、次に掲げる場合については、適用しない。

一 利用目的を本人に通知し、又は公表することにより本人又は

第三者の生命、身体、財産その他の権利利益を害するおそれがある場合

二　利用目的を本人に通知し、又は公表することにより当該個人情報取扱事業者の権利又は正当な利益を害するおそれがある場合

三　国の機関又は地方公共団体が法令の定める事務を遂行することに対して協力する必要がある場合であって、利用目的を本人に通知し、又は公表することにより当該事務の遂行に支障を及ぼすおそれがあるとき。

四　取得の状況からみて利用目的が明らかであると認められる場合

（データ内容の正確性の確保等）

第19条　個人情報取扱事業者は、利用目的の達成に必要な範囲内において、個人データを正確かつ最新の内容に保つとともに、利用する必要がなくなったときは、当該個人データを遅滞なく消去するよう努めなければならない。

（安全管理措置）

第20条　個人情報取扱事業者は、その取り扱う個人データの漏えい、滅失又はき損の防止その他の個人データの安全管理のために必要かつ適切な措置を講じなければならない。

（従業者の監督）

第21条　個人情報取扱事業者は、その従業者に個人データを取り扱わせるに当たっては、当該個人データの安全管理が図られるよう、当該従業者に対する必要かつ適切な監督を行わなければならない。

（委託先の監督）

第22条　個人情報取扱事業者は、個人データの取扱いの全部又は一部を委託する場合は、その取扱いを委託された個人データの安全管理が図られるよう、委託を受けた者に対する必要かつ適切な監督を行わなければならない。

（第三者提供の制限）

第23条　個人情報取扱事業者は、次に掲げる場合を除くほか、あらかじめ本人の同意を得ないで、個人データを第三者に提供してはならない。

一　法令に基づく場合

二　人の生命、身体又は財産の保護のために必要がある場合であって、本人の同意を得ることが困難であるとき。

三　公衆衛生の向上又は児童の健全な育成の推進のために特に必要がある場合であって、本人の同意を得ることが困難であるとき。

四　国の機関若しくは地方公共団体又はその委託を受けた者が法令の定める事務を遂行することに対して協力する必要がある場合であって、本人の同意を得ることにより当該事務の遂行に支障を及ぼすおそれがあるとき。

2　個人情報取扱事業者は、第三者に提供される個人データ（要配慮個人情報を除く。以下この項において同じ。）について、本人の求めに応じて当該本人が識別される個人データの第三者への提供を停止することとしている場合であって、次に掲げる事項について、個人情報保護委員会規則で定めるところにより、あらかじめ、本人に通知し、又は本人が容易に知り得る状態に置くとともに、個人情報保護委員会に届け出たときは、前項の規定にかかわらず、当該個人データを第三者に提供することができる。

一　第三者への提供を利用目的とすること。
二　第三者に提供される個人データの項目
三　第三者への提供の方法
四　本人の求めに応じて当該本人が識別される個人データの第三者への提供を停止すること。
五　本人の求めを受け付ける方法

3　個人情報取扱事業者は、前項第2号、第3号又は第5号に掲げる事項を変更する場合は、変更する内容について、個人情報保護委員会規則で定めるところにより、あらかじめ、本人に通知し、又は本人が容易に知り得る状態に置くとともに、個人情報保護委員会に届け出なければならない。

4　個人情報保護委員会は、第2項の規定による届出があったときは、個人情報保護委員会規則で定めるところにより、当該届出に係る事項を公表しなければならない。前項の規定による届出があったときも、同様とする。

5　次に掲げる場合において、当該個人データの提供を受ける者は、前各項の規定の適用については、第三者に該当しないものとする。

一　個人情報取扱事業者が利用目的の達成に必要な範囲内において個人データの取扱いの全部又は一部を委託することに伴って当該個人データが提供される場合
二　合併その他の事由による事業の承継に伴って個人データが提供される場合
三　特定の者との間で共同して利用される個人データが当該特定の者に提供される場合であって、その旨並びに共同して利用される個人データの項目、共同して利用する者の範囲、利用する者の利用目的及び当該個人データの管理について責任を有する者の氏名又は名称について、あらかじめ、本人に通知し、又は本人が容易に知り得る状態に置いているとき。

6　個人情報取扱事業者は、前項第3号に規定する利用する者の利用目的又は個人データの管理について責任を有する者の氏名若しくは名称を変更する場合は、変更する内容について、あらかじめ、本人に通知し、又は本人が容易に知り得る状態に置かなければならない。

（外国にある第三者への提供の制限）
第24条　個人情報取扱事業者は、外国（本邦の域外にある国又は地域をいう。以下同じ。）（個人の権利利益を保護する上で我が国と同等の水準にあると認められる個人情報の保護に関する制度を有している外国として個人情報保護委員会規則で定めるものを除く。以下この条において同じ。）にある第三者（個人データの取扱いについてこの節の規定により個人情報取扱事業者が講ずべきこととされている措置に相当する措置を継続的に講ずるために必要なものとして個人情報保護委員会規則で定める基準に適合する体制を整備している者を除く。以下この条において同じ。）に個人データを提供する場合には、前条第1項各号に掲げる場合を除くほか、あらかじめ外国にある第三者への提供を認める旨の本人の同意を得なければならない。この場合においては、同条の規定は、適用しない。

（第三者提供に係る記録の作成等）
第25条　個人情報取扱事業者は、個人データを第三者（第2条第5項各号に掲げる者を除く。以下この条及び次条において同じ。）に提供したときは、個人情報保護委員会規則で定めるところにより、当該個人データを提供した年月日、当該第三者の氏名又は名称その他の個人情報保護委員会規則で定める事項に関する記録を作成しなければならない。ただし、当該個人データの提供が第23条第1項各号又は第5項各号のいずれか（前条の規定による個人データの提供にあっては、第23条第1項各号のいずれか）に該当する場合は、この限りでない。

2　個人情報取扱事業者は、前項の記録を、当該記録を作成した日から個人情報保護委員会規則で定める期間保存しなければならない。

（第三者提供を受ける際の確認等）

第26条　個人情報取扱事業者は、第三者から個人データの提供を受けるに際しては、個人情報保護委員会規則で定めるところにより、次に掲げる事項の確認を行わなければならない。ただし、当該個人データの提供が第23条第1項各号又は第5項各号のいずれかに該当する場合は、この限りでない。

一　当該第三者の氏名又は名称及び住所並びに法人にあっては、その代表者（法人でない団体で代表者又は管理人の定めのあるものにあっては、その代表者又は管理人）の氏名

二　当該第三者による当該個人データの取得の経緯

2　前項の第三者は、個人情報取扱事業者が同項の規定による確認を行う場合において、当該個人情報取扱事業者に対して、当該確認に係る事項を偽ってはならない。

3　個人情報取扱事業者は、第1項の規定による確認を行ったときは、個人情報保護委員会規則で定めるところにより、当該個人データの提供を受けた年月日、当該確認に係る事項その他の個人情報保護委員会規則で定める事項に関する記録を作成しなければならない。

4　個人情報取扱事業者は、前項の記録を、当該記録を作成した日から個人情報保護委員会規則で定める期間保存しなければならない。

（保有個人データに関する事項の公表等）

第27条　個人情報取扱事業者は、保有個人データに関し、次に掲げる事項について、本人の知り得る状態（本人の求めに応じて遅滞なく回答する場合を含む。）に置かなければならない。

一　当該個人情報取扱事業者の氏名又は名称

二　全ての保有個人データの利用目的（第18条第4項第1号から第3号までに該当する場合を除く。）

三　次項の規定による求め又は次条第1項、第29条第1項若しくは第30条第1項若しくは第3項の規定による請求に応じる手続（第33条第2項の規定により手数料の額を定めたときは、その手数料の額を含む。）

四　前三号に掲げるもののほか、保有個人データの適正な取扱いの確保に関し必要な事項として政令で定めるもの

2　個人情報取扱事業者は、本人から、当該本人が識別される保有個人データの利用目的の通知を求められたときは、本人に対し、遅滞なく、これを通知しなければならない。ただし、次の各号のいずれかに該当する場合は、この限りでない。

一　前項の規定により当該本人が識別される保有個人データの利用目的が明らかな場合

二　第18条第4項第1号から第3号までに該当する場合

3　個人情報取扱事業者は、前項の規定に基づき求められた保有個人データの利用目的を通知しない旨の決定をしたときは、本人に

対し、遅滞なく、その旨を通知しなければならない。

（開示）

第28条　本人は、個人情報取扱事業者に対し、当該本人が識別される保有個人データの開示を請求することができる。

2　個人情報取扱事業者は、前項の規定による請求を受けたときは、本人に対し、政令で定める方法により、遅滞なく、当該保有個人データを開示しなければならない。ただし、開示することにより次の各号のいずれかに該当する場合は、その全部又は一部を開示しないことができる。

一　本人又は第三者の生命、身体、財産その他の権利利益を害するおそれがある場合

二　当該個人情報取扱事業者の業務の適正な実施に著しい支障を及ぼすおそれがある場合

三　他の法令に違反することとなる場合

3　個人情報取扱事業者は、第1項の規定による請求に係る保有個人データの全部又は一部について開示しない旨の決定をしたとき又は当該保有個人データが存在しないときは、本人に対し、遅滞なく、その旨を通知しなければならない。

4　他の法令の規定により、本人に対し第2項本文に規定する方法に相当する方法により当該本人が識別される保有個人データの全部又は一部を開示することとされている場合には、当該全部又は一部の保有個人データについては、第1項及び第2項の規定は、適用しない。

（訂正等）

第29条　本人は、個人情報取扱事業者に対し、当該本人が識別される保有個人データの内容が事実でないときは、当該保有個人データの内容の訂正、追加又は削除（以下この条において「訂正等」という。）を請求することができる。

2　個人情報取扱事業者は、前項の規定による請求を受けた場合には、その内容の訂正等に関して他の法令の規定により特別の手続が定められている場合を除き、利用目的の達成に必要な範囲内において、遅滞なく必要な調査を行い、その結果に基づき、当該保有個人データの内容の訂正等を行わなければならない。

3　個人情報取扱事業者は、第1項の規定による請求に係る保有個人データの内容の全部若しくは一部について訂正等を行ったとき、又は訂正等を行わない旨の決定をしたときは、本人に対し、遅滞なく、その旨（訂正等を行ったときは、その内容を含む。）を通知しなければならない。

（利用停止等）

第30条　本人は、個人情報取扱事業者に対し、当該本人が識別される保有個人データが第16条の規定に違反して取り扱われているとき又は第17条の規定に違反して取得されたものであるときは、当該保有個人データの利用の停止又は消去（以下この条において「利用停止等」という。）を請求することができる。

2　個人情報取扱事業者は、前項の規定による請求を受けた場合であって、その請求に理由があることが判明したときは、違反を是正するために必要な限度で、遅滞なく、当該保有個人データの利用停止等を行わなければならない。ただし、当該保有個人データの利用停止等に多額の費用を要する場合その他の利用停止等を行うことが困難な場合であって、本人の権利利益を保護するため必要なこれに代わるべき措置をとるときは、この限りでない。

3　本人は、個人情報取扱事業者に対し、当該本人が識別される保

有個人データが第23条第1項又は第24条の規定に違反して第三者に提供されているときは、当該保有個人データの第三者への提供の停止を請求することができる。

4　個人情報取扱事業者は、前項の規定による請求を受けた場合であって、その請求に理由があることが判明したときは、遅滞なく、当該保有個人データの第三者への提供を停止しなければならない。ただし、当該保有個人データの第三者への提供の停止に多額の費用を要する場合その他の第三者への提供を停止することが困難な場合であって、本人の権利利益を保護するため必要なこれに代わるべき措置をとるときは、この限りでない。

5　個人情報取扱事業者は、第1項の規定による請求に係る保有個人データの全部若しくは一部について利用停止等を行ったとき若しくは利用停止等を行わない旨の決定をしたとき、又は第3項の規定による請求に係る保有個人データの全部若しくは一部について第三者への提供を停止したとき若しくは第三者への提供を停止しない旨の決定をしたときは、本人に対し、遅滞なく、その旨を通知しなければならない。

（理由の説明）

第31条　個人情報取扱事業者は、第27条第3項、第28条第3項、第29条第3項又は前条第5項の規定により、本人から求められ、又は請求された措置の全部又は一部について、その措置をとらない旨を通知する場合又はその措置と異なる措置をとる旨を通知する場合は、本人に対し、その理由を説明するよう努めなければならない。

（開示等の請求等に応じる手続）

第32条　個人情報取扱事業者は、第27条第2項の規定による求め又は第28条第1項、第29条第1項若しくは第30条第1項若しくは第3項の規定による請求（以下この条及び第53条第1項において「開示等の請求等」という。）に関し、政令で定めるところにより、その求め又は請求を受け付ける方法を定めることができる。この場合において、本人は、当該方法に従って、開示等の請求等を行わなければならない。

2　個人情報取扱事業者は、本人に対し、開示等の請求等に関し、その対象となる保有個人データを特定するに足りる事項の提示を求めることができる。この場合において、個人情報取扱事業者は、本人が容易かつ的確に開示等の請求等をすることができるよう、当該保有個人データの特定に資する情報の提供その他本人の利便を考慮した適切な措置をとらなければならない。

3　開示等の請求等は、政令で定めるところにより、代理人によってすることができる。

4　個人情報取扱事業者は、前三項の規定に基づき開示等の請求等に応じる手続を定めるに当たっては、本人に過重な負担を課するものとならないよう配慮しなければならない。

（手数料）

第33条　個人情報取扱事業者は、第27条第2項の規定による利用目的の通知を求められたとき又は第28条第1項の規定による開示の請求を受けたときは、当該措置の実施に関し、手数料を徴収することができる。

2　個人情報取扱事業者は、前項の規定により手数料を徴収する場合は、実費を勘案して合理的であると認められる範囲内において、その手数料の額を定めなければならない。

（事前の請求）

第34条　本人は、第28条第1項、第29条第1項又は第30条第1項若しくは第3項の規定による請求に係る訴えを提起しようとするときは、その訴えの被告となるべき者に対し、あらかじめ、当該請求を行い、かつ、その到達した日から2週間を経過した後でなければ、その訴えを提起することができない。ただし、当該訴えの被告となるべき者がその請求を拒んだときは、この限りでない。

2　前項の請求は、その請求が通常到達すべきであった時に、到達したものとみなす。

3　前二項の規定は、第28条第1項、第29条第1項又は第30条第1項若しくは第3項の規定による請求に係る仮処分命令の申立てについて準用する。

（個人情報取扱事業者による苦情の処理）

第35条　個人情報取扱事業者は、個人情報の取扱いに関する苦情の適切かつ迅速な処理に努めなければならない。

2　個人情報取扱事業者は、前項の目的を達成するために必要な体制の整備に努めなければならない。

第2節　匿名加工情報取扱事業者等の義務

（匿名加工情報の作成等）

第36条　個人情報取扱事業者は、匿名加工情報（匿名加工情報データベース等を構成するものに限る。以下同じ。）を作成するときは、特定の個人を識別すること及びその作成に用いる個人情報を復元することができないようにするために必要なものとして個人情報保護委員会規則で定める基準に従い、当該個人情報を加工しなければならない。

2　個人情報取扱事業者は、匿名加工情報を作成したときは、その作成に用いた個人情報から削除した記述等及び個人識別符号並びに前項の規定により行った加工の方法に関する情報の漏えいを防止するために必要なものとして個人情報保護委員会規則で定める基準に従い、これらの情報の安全管理のための措置を講じなければならない。

3　個人情報取扱事業者は、匿名加工情報を作成したときは、個人情報保護委員会規則で定めるところにより、当該匿名加工情報に含まれる個人に関する情報の項目を公表しなければならない。

4　個人情報取扱事業者は、匿名加工情報を作成して当該匿名加工情報を第三者に提供するときは、個人情報保護委員会規則で定めるところにより、あらかじめ、第三者に提供される匿名加工情報に含まれる個人に関する情報の項目及びその提供の方法について公表するとともに、当該第三者に対して、当該提供に係る情報が匿名加工情報である旨を明示しなければならない。

5　個人情報取扱事業者は、匿名加工情報を作成して自ら当該匿名加工情報を取り扱うに当たっては、当該匿名加工情報の作成に用いられた個人情報に係る本人を識別するために、当該匿名加工情報を他の情報と照合してはならない。

6　個人情報取扱事業者は、匿名加工情報を作成したときは、当該匿名加工情報の安全管理のために必要かつ適切な措置、当該匿名加工情報の作成その他の取扱いに関する苦情の処理その他の当該匿名加工情報の適正な取扱いを確保するために必要な措置を自ら講じ、かつ、当該措置の内容を公表するよう努めなければならない。

（匿名加工情報の提供）

第37条　匿名加工情報取扱事業者は、匿名加工情報（自ら個人情報

を加工して作成したものを除く。以下この節において同じ。）を第三者に提供するときは、個人情報保護委員会規則で定めるところにより、あらかじめ、第三者に提供される匿名加工情報に含まれる個人に関する情報の項目及びその提供の方法について公表するとともに、当該第三者に対して、当該提供に係る情報が匿名加工情報である旨を明示しなければならない。

（識別行為の禁止）

第38条　匿名加工情報取扱事業者は、匿名加工情報を取り扱うに当たっては、当該匿名加工情報の作成に用いられた個人情報に係る本人を識別するために、当該個人情報から削除された記述等若しくは個人識別符号若しくは第36条第1項の規定により行われた加工の方法に関する情報を取得し、又は当該匿名加工情報を他の情報と照合してはならない。（※1）

※1　第38条は、行政機関等の保有する個人情報の適正かつ効果的な活用による新たな産業の創出並びに活力ある経済社会及び豊かな国民生活の実現に資するための関係法律の整備に関する法律の施行の日以降、「匿名加工情報取扱事業者は、匿名加工情報を取り扱うに当たっては、当該匿名加工情報の作成に用いられた個人情報に係る本人を識別するために、当該個人情報から削除された記述等若しくは個人識別符号若しくは第36条第1項、行政機関の保有する個人情報の保護に関する法律（平成15年法律第58号）第44条の10第1項（同条第2項において準用する場合を含む。）若しくは独立行政法人等の保有する個人情報の保護に関する法律第44条の10第1項（同条第2項において準用する場合を含む。）の規定により行われた加工の方法に関する情報を取得し、又は当該匿名加工情報を他の情報と照合してはならない。」となります（下線部分が改正部分）。

（安全管理措置等）

第39条　匿名加工情報取扱事業者は、匿名加工情報の安全管理のために必要かつ適切な措置、匿名加工情報の取扱いに関する苦情の処理その他の匿名加工情報の適正な取扱いを確保するために必要な措置を自ら講じ、かつ、当該措置の内容を公表するよう努めなければならない。

第3節　監督

（報告及び立入検査）

第40条　個人情報保護委員会は、前二節及びこの節の規定の施行に必要な限度において、個人情報取扱事業者又は匿名加工情報取扱事業者（以下「個人情報取扱事業者等」という。）に対し、個人情報又は匿名加工情報（以下「個人情報等」という。）の取扱いに関し、必要な報告若しくは資料の提出を求め、又はその職員に、当該個人情報取扱事業者等の事務所その他必要な場所に立ち入らせ、個人情報等の取扱いに関し質問させ、若しくは帳簿書類その他の物件を検査させることができる。

2　前項の規定により立入検査をする職員は、その身分を示す証明書を携帯し、関係人の請求があったときは、これを提示しなければならない。

3　第1項の規定による立入検査の権限は、犯罪捜査のために認められたものと解釈してはならない。

（指導及び助言）

第41条　個人情報保護委員会は、前二節の規定の施行に必要な限度において、個人情報取扱事業者等に対し、個人情報等の取扱いに関し必要な指導及び助言をすることができる。

（勧告及び命令）

第42条　個人情報保護委員会は、個人情報取扱事業者が第16条から第18条まで、第20条から第22条まで、第23条（第4項を除く。）、第24条、第25条、第26条（第2項を除く。）、第27条、第28条（第1項を除く。）、第29条第2項若しくは第3項、第30条第2項、第4項若しくは第5項、第33条第2項若しくは第36条（第6項を除く。）の規定に違反した場合又は匿名加工情報取扱事業者が第37条若しくは第38条の規定に違反した場合において個人の権利利益を保護するため必要があると認めるときは、当該個人情報取扱事業者等に対し、当該違反行為の中止その他違反を是正するために必要な措置をとるべき旨を勧告することができる。

2　個人情報保護委員会は、前項の規定による勧告を受けた個人情報取扱事業者等が正当な理由がなくてその勧告に係る措置をとらなかった場合において個人の重大な権利利益の侵害が切迫していると認めるときは、当該個人情報取扱事業者等に対し、その勧告に係る措置をとるべきことを命ずることができる。

3　個人情報保護委員会は、前二項の規定にかかわらず、個人情報取扱事業者が第16条、第17条、第20条から第22条まで、第23条第1項、第24条若しくは第36条第1項、第2項若しくは第5項の規定に違反した場合又は匿名加工情報取扱事業者が第38条の規定に違反した場合において個人の重大な権利利益を害する事実があるため緊急に措置をとる必要があると認めるときは、当該個人情報取扱事業者等に対し、当該違反行為の中止その他違反を是正するために必要な措置をとるべきことを命ずることができる。

（個人情報保護委員会の権限の行使の制限）

第43条　個人情報保護委員会は、前三条の規定により個人情報取扱事業者等に対し報告若しくは資料の提出の要求、立入検査、指導、助言、勧告又は命令を行うに当たっては、表現の自由、学問の自由、信教の自由及び政治活動の自由を妨げてはならない。

2　前項の規定の趣旨に照らし、個人情報保護委員会は、個人情報取扱事業者等が第76条第1項各号に掲げる者（それぞれ当該各号に定める目的で個人情報等を取り扱う場合に限る。）に対して個人情報等を提供する行為については、その権限を行使しないものとする。

（権限の委任）

第44条　個人情報保護委員会は、緊急かつ重点的に個人情報等の適正な取扱いの確保を図る必要があることその他の政令で定める事情があるため、個人情報取扱事業者等に対し、第42条の規定による勧告又は命令を効果的に行う上で必要があると認めるときは、政令で定めるところにより、第40条第1項の規定による権限を事業所管大臣に委任することができる。

2　事業所管大臣は、前項の規定により委任された権限を行使したときは、政令で定めるところにより、その結果について個人情報保護委員会に報告するものとする。

3　事業所管大臣は、政令で定めるところにより、第1項の規定により委任された権限及び前項の規定による権限について、その全部又は一部を内閣府設置法（平成11年法律第89号）第43条の地方支分部局その他の政令で定める部局又は機関の長に委任することができる。

4　内閣総理大臣は、第1項の規定により委任された権限及び第2

項の規定による権限（金融庁の所掌に係るものに限り、政令で定めるものを除く。）を金融庁長官に委任する。

5　金融庁長官は、政令で定めるところにより、前項の規定により委任された権限について、その一部を証券取引等監視委員会に委任することができる。

6　金融庁長官は、政令で定めるところにより、第4項の規定により委任された権限（前項の規定により証券取引等監視委員会に委任されたものを除く。）の一部を財務局長又は財務支局長に委任することができる。

7　証券取引等監視委員会は、政令で定めるところにより、第5項の規定により委任された権限の一部を財務局長又は財務支局長に委任することができる。

8　前項の規定により財務局長又は財務支局長に委任された権限に係る事務に関しては、証券取引等監視委員会が財務局長又は財務支局長を指揮監督する。

9　第5項の場合において、証券取引等監視委員会が行う報告又は資料の提出の要求（第7項の規定により財務局長又は財務支局長が行う場合を含む。）についての審査請求は、証券取引等監視委員会に対してのみ行うことができる。

（事業所管大臣の請求）

第45条　事業所管大臣は、個人情報取扱事業者等に前二節の規定に違反する行為があると認めるときその他個人情報取扱事業者等による個人情報等の適正な取扱いを確保するために必要があると認めるときは、個人情報保護委員会に対し、この法律の規定に従い適当な措置をとるべきことを求めることができる。

（事業所管大臣）

第46条　この節の規定における事業所管大臣は、次のとおりとする。

一　個人情報取扱事業者等が行う個人情報等の取扱いのうち雇用管理に関するものについては、厚生労働大臣（船員の雇用管理に関するものについては、国土交通大臣）及び当該個人情報取扱事業者等が行う事業を所管する大臣又は国家公安委員会（次号において「大臣等」という。）

二　個人情報取扱事業者等が行う個人情報等の取扱いのうち前号に掲げるもの以外のものについては、当該個人情報取扱事業者等が行う事業を所管する大臣等

第4節　民間団体による個人情報の保護の推進

（認定）

第47条　個人情報取扱事業者等の個人情報等の適正な取扱いの確保を目的として次に掲げる業務を行おうとする法人（法人でない団体で代表者又は管理人の定めのあるものを含む。次条第3号ロにおいて同じ。）は、個人情報保護委員会の認定を受けることができる。

一　業務の対象となる個人情報取扱事業者等（以下「対象事業者」という。）の個人情報等の取扱いに関する第52条の規定による苦情の処理

二　個人情報等の適正な取扱いの確保に寄与する事項についての対象事業者に対する情報の提供

三　前二号に掲げるもののほか、対象事業者の個人情報等の適正な取扱いの確保に関し必要な業務

2　前項の認定を受けようとする者は、政令で定めるところにより、

個人情報保護委員会に申請しなければならない。
3　個人情報保護委員会は、第1項の認定をしたときは、その旨を公示しなければならない。
（欠格条項）
第48条　次の各号のいずれかに該当する者は、前条第1項の認定を受けることができない。
一　この法律の規定により刑に処せられ、その執行を終わり、又は執行を受けることがなくなった日から2年を経過しない者
二　第58条第1項の規定により認定を取り消され、その取消しの日から2年を経過しない者
三　その業務を行う役員（法人でない団体で代表者又は管理人の定めのあるものの代表者又は管理人を含む。以下この条において同じ。）のうちに、次のいずれかに該当する者があるもの
イ　禁錮以上の刑に処せられ、又はこの法律の規定により刑に処せられ、その執行を終わり、又は執行を受けることがなくなった日から2年を経過しない者
ロ　第58条第1項の規定により認定を取り消された法人において、その取消しの日前30日以内にその役員であった者でその取消しの日から2年を経過しない者
（認定の基準）
第49条　個人情報保護委員会は、第47条第1項の認定の申請が次の各号のいずれにも適合していると認めるときでなければ、その認定をしてはならない。
一　第47条第1項各号に掲げる業務を適正かつ確実に行うに必要な業務の実施の方法が定められているものであること。
二　第47条第1項各号に掲げる業務を適正かつ確実に行うに足りる知識及び能力並びに経理的基礎を有するものであること。
三　第47条第1項各号に掲げる業務以外の業務を行っている場合には、その業務を行うことによって同項各号に掲げる業務が不公正になるおそれがないものであること。
（廃止の届出）
第50条　第47条第1項の認定を受けた者（以下「認定個人情報保護団体」という。）は、その認定に係る業務（以下「認定業務」という。）を廃止しようとするときは、政令で定めるところにより、あらかじめ、その旨を個人情報保護委員会に届け出なければならない。
2　個人情報保護委員会は、前項の規定による届出があったときは、その旨を公示しなければならない。
（対象事業者）
第51条　認定個人情報保護団体は、当該認定個人情報保護団体の構成員である個人情報取扱事業者等又は認定業務の対象となることについて同意を得た個人情報取扱事業者等を対象事業者としなければならない。
2　認定個人情報保護団体は、対象事業者の氏名又は名称を公表しなければならない。
（苦情の処理）
第52条　認定個人情報保護団体は、本人その他の関係者から対象事業者の個人情報等の取扱いに関する苦情について解決の申出があったときは、その相談に応じ、申出人に必要な助言をし、その苦情に係る事情を調査するとともに、当該対象事業者に対し、その苦情の内容を通知してその迅速な解決を求めなければならない。
2　認定個人情報保護団体は、前項の申出に係る苦情の解決につい

て必要があると認めるときは、当該対象事業者に対し、文書若しくは口頭による説明を求め、又は資料の提出を求めることができる。
3　対象事業者は、認定個人情報保護団体から前項の規定による求めがあったときは、正当な理由がないのに、これを拒んではならない。

（個人情報保護指針）
第53条　認定個人情報保護団体は、対象事業者の個人情報等の適正な取扱いの確保のために、個人情報に係る利用目的の特定、安全管理のための措置、開示等の請求等に応じる手続その他の事項又は匿名加工情報に係る作成の方法、その情報の安全管理のための措置その他の事項に関し、消費者の意見を代表する者その他の関係者の意見を聴いて、この法律の規定の趣旨に沿った指針（以下「個人情報保護指針」という。）を作成するよう努めなければならない。
2　認定個人情報保護団体は、前項の規定により個人情報保護指針を作成したときは、個人情報保護委員会規則で定めるところにより、遅滞なく、当該個人情報保護指針を個人情報保護委員会に届け出なければならない。これを変更したときも、同様とする。
3　個人情報保護委員会は、前項の規定による個人情報保護指針の届出があったときは、個人情報保護委員会規則で定めるところにより、当該個人情報保護指針を公表しなければならない。
4　認定個人情報保護団体は、前項の規定により個人情報保護指針が公表されたときは、対象事業者に対し、当該個人情報保護指針を遵守させるため必要な指導、勧告その他の措置をとらなければならない。

（目的外利用の禁止）
第54条　認定個人情報保護団体は、認定業務の実施に際して知り得た情報を認定業務の用に供する目的以外に利用してはならない。

（名称の使用制限）
第55条　認定個人情報保護団体でない者は、認定個人情報保護団体という名称又はこれに紛らわしい名称を用いてはならない。

（報告の徴収）
第56条　個人情報保護委員会は、この節の規定の施行に必要な限度において、認定個人情報保護団体に対し、認定業務に関し報告をさせることができる。

（命令）
第57条　個人情報保護委員会は、この節の規定の施行に必要な限度において、認定個人情報保護団体に対し、認定業務の実施の方法の改善、個人情報保護指針の変更その他の必要な措置をとるべき旨を命ずることができる。

（認定の取消し）
第58条　個人情報保護委員会は、認定個人情報保護団体が次の各号のいずれかに該当するときは、その認定を取り消すことができる。
一　第48条第1号又は第3号に該当するに至ったとき。
二　第49条各号のいずれかに適合しなくなったとき。
三　第54条の規定に違反したとき。
四　前条の命令に従わないとき。
五　不正の手段により第47条第1項の認定を受けたとき。
2　個人情報保護委員会は、前項の規定により認定を取り消したときは、その旨を公示しなければならない。

第5章　個人情報保護委員会

（設置）

第59条　内閣府設置法第49条第3項の規定に基づいて、個人情報保護委員会（以下「委員会」という。）を置く。

2　委員会は、内閣総理大臣の所轄に属する。

（任務）

第60条　委員会は、個人情報の適正かつ効果的な活用が新たな産業の創出並びに活力ある経済社会及び豊かな国民生活の実現に資するものであることその他の個人情報の有用性に配慮しつつ、個人の権利利益を保護するため、個人情報の適正な取扱いの確保を図ること（個人番号利用事務等実施者（行政手続における特定の個人を識別するための番号の利用等に関する法律（平成25年法律第27号。以下「番号利用法」という。）第12条に規定する個人番号利用事務等実施者をいう。）に対する指導及び助言その他の措置を講ずることを含む。）を任務とする。

（所掌事務）

第61条　委員会は、前条の任務を達成するため、次に掲げる事務をつかさどる。

一　基本方針の策定及び推進に関すること。

二　個人情報及び匿名加工情報の取扱いに関する監督並びに苦情の申出についての必要なあっせん及びその処理を行う事業者への協力に関すること（第4号に掲げるものを除く。）。（※2）

※2　第61条第2号は、行政機関等の保有する個人情報の適正かつ効果的な活用による新たな産業の創出並びに活用ある経済社会及び豊かな国民生活の実現に資するための関係法律の整備に関する法律の施行の日以降、「個人情報取扱事業者における個人情報の取扱い並びに個人情報取扱事業者及び匿名加工情報取扱事業者における匿名加工情報の取扱いに関する監督、行政機関の保有する個人情報の保護に関する法律第2条第1項に規定する行政機関における同条第9項に規定する行政機関非識別加工情報（同条第10項に規定する行政機関非識別加工情報ファイルを構成するものに限る。）の取扱いに関する監視、独立行政法人等における独立行政法人等の保有する個人情報の保護に関する法律第2条第9項に規定する独立行政法人等非識別加工情報（同条第10項に規定する独立行政法人等非識別加工情報ファイルを構成するものに限る。）の取扱いに関する監督並びに個人情報及び匿名加工情報の取扱いに関する苦情の申出についての必要なあっせん及びその処理を行う事業者への協力に関すること（第4号に掲げるものを除く。）。」となります（下線部分が改正部分）。

三　認定個人情報保護団体に関すること。

四　特定個人情報（番号利用法第2条第8項に規定する特定個人情報をいう。第63条第4項において同じ。）の取扱いに関する監視又は監督並びに苦情の申出についての必要なあっせん及びその処理を行う事業者への協力に関すること。

五　特定個人情報保護評価（番号利用法第27条第1項に規定する特定個人情報保護評価をいう。）に関すること。

六　個人情報の保護及び適正かつ効果的な活用についての広報及び啓発に関すること。

七　前各号に掲げる事務を行うために必要な調査及び研究に関す

ること。
八　所掌事務に係る国際協力に関すること。
九　前各号に掲げるもののほか、法律（法律に基づく命令を含む。）に基づき委員会に属させられた事務
（職権行使の独立性）
第62条　委員会の委員長及び委員は、独立してその職権を行う。
（組織等）
第63条　委員会は、委員長及び委員8人をもって組織する。
2　委員のうち4人は、非常勤とする。
3　委員長及び委員は、人格が高潔で識見の高い者のうちから、両議院の同意を得て、内閣総理大臣が任命する。
4　委員長及び委員には、個人情報の保護及び適正かつ効果的な活用に関する学識経験のある者、消費者の保護に関して十分な知識と経験を有する者、情報処理技術に関する学識経験のある者、特定個人情報が利用される行政分野に関する学識経験のある者、民間企業の実務に関して十分な知識と経験を有する者並びに連合組織（地方自治法（昭和22年法律第67号）第２６３条の3第1項の連合組織で同項の規定による届出をしたものをいう。）の推薦する者が含まれるものとする。
（任期等）
第64条　委員長及び委員の任期は、5年とする。ただし、補欠の委員長又は委員の任期は、前任者の残任期間とする。
2　委員長及び委員は、再任されることができる。
3　委員長及び委員の任期が満了したときは、当該委員長及び委員は、後任者が任命されるまで引き続きその職務を行うものとする。
4　委員長又は委員の任期が満了し、又は欠員を生じた場合において、国会の閉会又は衆議院の解散のために両議院の同意を得ることができないときは、内閣総理大臣は、前条第3項の規定にかかわらず、同項に定める資格を有する者のうちから、委員長又は委員を任命することができる。
5　前項の場合においては、任命後最初の国会において両議院の事後の承認を得なければならない。この場合において、両議院の事後の承認が得られないときは、内閣総理大臣は、直ちに、その委員長又は委員を罷免しなければならない。
（身分保障）
第65条　委員長及び委員は、次の各号のいずれかに該当する場合を除いては、在任中、その意に反して罷免されることがない。
一　破産手続開始の決定を受けたとき。
二　この法律又は番号利用法の規定に違反して刑に処せられたとき。
三　禁錮以上の刑に処せられたとき。
四　委員会により、心身の故障のため職務を執行することができないと認められたとき、又は職務上の義務違反その他委員長若しくは委員たるに適しない非行があると認められたとき。
（罷免）
第66条　内閣総理大臣は、委員長又は委員が前条各号のいずれかに該当するときは、その委員長又は委員を罷免しなければならない。
（委員長）
第67条　委員長は、委員会の会務を総理し、委員会を代表する。
2　委員会は、あらかじめ常勤の委員のうちから、委員長に事故が

ある場合に委員長を代理する者を定めておかなければならない。

（会議）

第68条　委員会の会議は、委員長が招集する。

2　委員会は、委員長及び4人以上の委員の出席がなければ、会議を開き、議決をすることができない。

3　委員会の議事は、出席者の過半数でこれを決し、可否同数のときは、委員長の決するところによる。

4　第65条第4号の規定による認定をするには、前項の規定にかかわらず、本人を除く全員の一致がなければならない。

5　委員長に事故がある場合の第2項の規定の適用については、前条第2項に規定する委員長を代理する者は、委員長とみなす。

（専門委員）

第69条　委員会に、専門の事項を調査させるため、専門委員を置くことができる。

2　専門委員は、委員会の申出に基づいて内閣総理大臣が任命する。

3　専門委員は、当該専門の事項に関する調査が終了したときは、解任されるものとする。

4　専門委員は、非常勤とする。

（事務局）

第70条　委員会の事務を処理させるため、委員会に事務局を置く。

2　事務局に、事務局長その他の職員を置く。

3　事務局長は、委員長の命を受けて、局務を掌理する。

（政治運動等の禁止）

第71条　委員長及び委員は、在任中、政党その他の政治団体の役員となり、又は積極的に政治運動をしてはならない。

2　委員長及び常勤の委員は、在任中、内閣総理大臣の許可のある場合を除くほか、報酬を得て他の職務に従事し、又は営利事業を営み、その他金銭上の利益を目的とする業務を行ってはならない。

（秘密保持義務）

第72条　委員長、委員、専門委員及び事務局の職員は、職務上知ることのできた秘密を漏らし、又は盗用してはならない。その職務を退いた後も、同様とする。

（給与）

第73条　委員長及び委員の給与は、別に法律で定める。

（規則の制定）

第74条　委員会は、その所掌事務について、法律若しくは政令を実施するため、又は法律若しくは政令の特別の委任に基づいて、個人情報保護委員会規則を制定することができる。

第6章　雑則

（適用範囲）

第75条　第15条、第16条、第18条（第2項を除く。）、第19条から第25条まで、第27条から第36条まで、第41条、第42条第1項、第43条及び次条の規定は、国内にある者に対する物品又は役務の提供に関連してその者を本人とする個人情報を取得した個人情報取扱事業者が、外国において当該個人情報又は当該個人情報を用いて作成した匿名加工情報を取り扱う場合についても、適用する。

（適用除外）

第76条　個人情報取扱事業者等のうち次の各号に掲げる者について

は、その個人情報等を取り扱う目的の全部又は一部がそれぞれ当該各号に規定する目的であるときは、第4章の規定は、適用しない。

一　放送機関、新聞社、通信社その他の報道機関（報道を業として行う個人を含む。）　報道の用に供する目的

二　著述を業として行う者　著述の用に供する目的

三　大学その他の学術研究を目的とする機関若しくは団体又はそれらに属する者　学術研究の用に供する目的

四　宗教団体　宗教活動（これに付随する活動を含む。）の用に供する目的

五　政治団体　政治活動（これに付随する活動を含む。）の用に供する目的

2　前項第1号に規定する「報道」とは、不特定かつ多数の者に対して客観的事実を事実として知らせること（これに基づいて意見又は見解を述べることを含む。）をいう。

3　第1項各号に掲げる個人情報取扱事業者等は、個人データ又は匿名加工情報の安全管理のために必要かつ適切な措置、個人情報等の取扱いに関する苦情の処理その他の個人情報等の適正な取扱いを確保するために必要な措置を自ら講じ、かつ、当該措置の内容を公表するよう努めなければならない。

（地方公共団体が処理する事務）

第77条　この法律に規定する委員会の権限及び第44条第1項又は第4項の規定により事業所管大臣又は金融庁長官に委任された権限に属する事務は、政令で定めるところにより、地方公共団体の長その他の執行機関が行うこととすることができる。

（外国執行当局への情報提供）

第78条　委員会は、この法律に相当する外国の法令を執行する外国の当局（以下この条において「外国執行当局」という。）に対し、その職務（この法律に規定する委員会の職務に相当するものに限る。次項において同じ。）の遂行に資すると認める情報の提供を行うことができる。

2　前項の規定による情報の提供については、当該情報が当該外国執行当局の職務の遂行以外に使用されず、かつ、次項の規定による同意がなければ外国の刑事事件の捜査（その対象たる犯罪事実が特定された後のものに限る。）又は審判（同項において「捜査等」という。）に使用されないよう適切な措置がとられなければならない。

3　委員会は、外国執行当局からの要請があったときは、次の各号のいずれかに該当する場合を除き、第1項の規定により提供した情報を当該要請に係る外国の刑事事件の捜査等に使用することについて同意をすることができる。

一　当該要請に係る刑事事件の捜査等の対象とされている犯罪が政治犯罪であるとき、又は当該要請が政治犯罪について捜査等を行う目的で行われたものと認められるとき。

二　当該要請に係る刑事事件の捜査等の対象とされている犯罪に係る行為が日本国内において行われたとした場合において、その行為が日本国の法令によれば罪に当たるものでないとき。

三　日本国が行う同種の要請に応ずる旨の要請国の保証がないとき。

4　委員会は、前項の同意をする場合においては、あらかじめ、同項第1号及び第2号に該当しないことについて法務大臣の確認を、同項第3号に該当しないことについて外務大臣の確認を、それぞれ

れ受けなければならない。

（国会に対する報告）

第79条　委員会は、毎年、内閣総理大臣を経由して国会に対し所掌事務の処理状況を報告するとともに、その概要を公表しなければならない。

（連絡及び協力）

第80条　内閣総理大臣及びこの法律の施行に関係する行政機関（法律の規定に基づき内閣に置かれる機関（内閣府を除く。）及び内閣の所轄の下に置かれる機関、内閣府、宮内庁、内閣府設置法第49条第1項及び第2項に規定する機関並びに国家行政組織法（昭和23年法律第120号）第3条第2項に規定する機関をいう。）の長は、相互に緊密に連絡し、及び協力しなければならない。

（政令への委任）

第81条　この法律に定めるもののほか、この法律の実施のため必要な事項は、政令で定める。

第7章　罰則

第82条　第72条の規定に違反して秘密を漏らし、又は盗用した者は、2年以下の懲役又は100万円以下の罰金に処する。

第83条　個人情報取扱事業者（その者が法人（法人でない団体で代表者又は管理人の定めのあるものを含む。第87条第1項において同じ。）である場合にあっては、その役員、代表者又は管理人）若しくはその従業者又はこれらであった者が、その業務に関して取り扱った個人情報データベース等（その全部又は一部を複製し、又は加工したものを含む。）を自己若しくは第三者の不正な利益を図る目的で提供し、又は盗用したときは、1年以下の懲役又は50万円以下の罰金に処する。

第84条　第42条第2項又は第3項の規定による命令に違反した者は、6月以下の懲役又は30万円以下の罰金に処する。

第85条　次の各号のいずれかに該当する者は、30万円以下の罰金に処する。

一　第40条第1項の規定による報告若しくは資料の提出をせず、若しくは虚偽の報告をし、若しくは虚偽の資料を提出し、又は当該職員の質問に対して答弁をせず、若しくは虚偽の答弁をし、若しくは検査を拒み、妨げ、若しくは忌避した者

二　第56条の規定による報告をせず、又は虚偽の報告をした者

第86条　第82条及び第83条の規定は、日本国外においてこれらの条の罪を犯した者にも適用する。

第87条　法人の代表者又は法人若しくは人の代理人、使用人その他の従業者が、その法人又は人の業務に関して、第83条から第85条までの違反行為をしたときは、行為者を罰するほか、その法人又は人に対しても、各本条の罰金刑を科する。

2　法人でない団体について前項の規定の適用がある場合には、その代表者又は管理人が、その訴訟行為につき法人でない団体を代表するほか、法人を被告人又は被疑者とする場合の刑事訴訟に関する法律の規定を準用する。

第88条　次の各号のいずれかに該当する者は、10万円以下の過料に処する。

一　第26条第2項又は第55条の規定に違反した者

二　第50条第1項の規定による届出をせず、又は虚偽の届出をした者

附則〔略〕

宮下 紘（みやした ひろし）

中央大学総合政策学部准教授（憲法、情報法）。内閣府個人情報保護推進室政策企画専門職、駿河台大学法学部専任講師、准教授等を経て現職。博士（法学）（一橋大学、二〇〇七年）。ハーバード大学ロースクール客員研究員、ナミュール大学法・情報・社会研究所客員研究員。著書に『プライバシー権の復権』（中央大学出版部）、『事例で学ぶプライバシー』（朝陽会）などがある。

ビッグデータの支配《しはい》とプライバシー危機《きき》

集英社新書〇八七四A

二〇一七年三月二二日 第一刷発行

著者……宮下《みやした》 紘《ひろし》

発行者……茨木政彦

発行所……株式会社集英社

東京都千代田区一ツ橋二-五-一〇 郵便番号一〇一-八〇五〇

電話 〇三-三二三〇-六三九一（編集部）

〇三-三二三〇-六〇八〇（読者係）

〇三-三二三〇-六三九三（販売部）書店専用

装幀……原 研哉

印刷所……凸版印刷株式会社

製本所……加藤製本株式会社

定価はカバーに表示してあります。

ISBN 978-4-08-720874-0 C0231

Printed in Japan

a pilot of wisdom

a pilot of wisdom

集英社新書　好評既刊

「イスラム国」はテロの元凶ではない グローバル・ジハードという幻想
川上泰徳　0862-B
世界中に拡散するテロ。その責任は「イスラム国」ではなく欧米にあることを一連のテロを分析し立証する。

安吾のことば「正直に生き抜く」ためのヒント
藤沢 周 編　0863-F
昭和の激動期に痛烈なフレーズを発信した坂口安吾。今だからこそ読むべき言葉を、同郷の作家が徹底解説。

シリーズ〈本と日本史〉③ **中世の声と文字** 親鸞の手紙と『平家物語』
大隅和雄　0864-D
「声」が「文字」として書き留められ成立した中世文化の誕生の背景を、日本中世史学の泰斗が解き明かす。

近代天皇論 ――「神聖」か、「象徴」か
片山杜秀／島薗 進　0865-A
天皇のあり方しだいで日本の近代が吹き飛ぶ！気鋭の政治学者と国家神道研究の泰斗が、新しい天皇像を描く。

若者よ、猛省しなさい
下重暁子　0866-C
『家族という病』の著者による初の若者論。若者へエールを送り、親・上司世代へも向き合い方を指南する。

認知症の家族を支える ケアと薬の「最適化」が症状を改善する
髙瀬義昌　0867-I
一〇年以内に高齢者の二割が認知症になるという現代、患者と家族にとってあるべき治療法とは何かを提言。

日本人 失格
田村 淳　0868-B
芸能界の〝異端児〟ロンブー淳が、初の新書で語り尽くした自分史、日本人論、若い人たちへのメッセージ。

イスラーム入門 文明の共存を考えるための99の扉
中田 考　0869-C
日本人イスラーム法学者がムスリムとの無益な衝突を減らすため、99のトピックで教義や歴史を平易に解説。

たとえ世界が終わっても その先の日本を生きる君たちへ
橋本 治　0870-B
「資本主義の終焉」と「世界がバカになっている」現代を超えて我々はどう生きるべきか。著者がやさしく説法。

あなたの隣の放射能汚染ゴミ
まさのあつこ　0871-B
原発事故で生じた放射性廃棄物が、公共事業で全国の道路の下に埋められる!? 国が描く再利用の道筋とは。